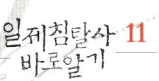

일제침탈사 바로알기 11

식민통치의 혈관을 놓다
-교통으로 본 일제시대

● 박우현 지음 ●

발간사

　일본제국주의의 식민 침탈에서 벗어난 지 75년이 되었지만, 그 역사가 아직도 한일 관계에서 큰 걸림돌로 작용하고 있습니다. 21세기에 들어 일본 정부의 독도 영유권 주장은 점차 도를 더해가고 있으며, 최근에는 일제의 강제동원 문제와 한국 대법원 판결, 일본군'위안부' 문제 해결 방안 등으로 갈등이 불거졌습니다. 급기야 그 불이 무역 분쟁, 안보 문제까지 옮겨 붙었습니다.

　한일 간의 역사 문제는 우선 '식민 지배'라는 역사를 어떻게 볼 것인가 하는 역사인식에서 기인합니다. 우리는 언제나 오늘날의 입장에서 과거의 역사를 바라보고, 다시 미래로 나아갑니다. 과거 침략의 역사를 미화하면서 평화로운 미래를 얘기하는 것은 불가능합니다. 식민 지배로 인한 잘못을 인정하고 반성하지 않으면 다시 전쟁이 일어날 위험성이 있고, 인권을 존중하지 않는 군국주의 부활을 획책할 수도 있습니다. 따라서 역사를 보는 미래지향적 인식이 필요하고, 이를 한일 양국이 공유해야 할 것입니다.

　다음, 지금의 한일 역사 문제는 '과거'의 '사실'이 명확하게 규명되지 않은 것에서 연유한 점이 있습니다. 해방된 이후, 일제강점기에 대한 개인적인 연구는 다수 이루어졌으나, 학계나 정부 차원에서 식민 지배의 실상을 체계적으로 연구 정리하고, 관계되는 자료집을 모아 정리하지 못하였습니다. 지금까지 항일, 독립운동사에 대한 연구와 자료집은 많이 출간되었지만, 일제의 통치 자체를 정리하지 못한 것입니다.

　또한 일제의 식민 침탈의 실상을 국민에게 알리고 교육하는 것도 체계적이지 않았습니다. 초등학교에서 고등학교에 이르는 학교의 역사교육은 나름대로 성과가 있었지만, 일반 시민교육에는 사실 무관심하였습니다. 그러자 최근에는 일제의 한반도 강점과 식민 지배로 인한 피해를 부정하는 인식 아래 일제강점기에 한반도가 근대화되었고, 수탈이나 강제동원은 꾸며진 이야기라고 주장하는 책이 시중에 나오기도 했습니다. 역사인식이 명확하지 않았던 일부 국민들이 여기에 호기심을 가졌고, 또한 이를 넘어 찬동하는 사태도 일어났습니다. 이런 책에서 부정한 것은 일제 침탈의 역사뿐만 아니라 항일 독립운동의 역사, 나아가 우리 민족사 전체입니다.

우리 학계는 일찍부터 일제 침탈의 역사를 체계적·객관적으로 정리해야 한다는 점을 잘 알고 있었지만, 차일피일 미루다가 너무 많은 시간이 흘렀습니다. 이에, 더 늦기 전에 우리 재단이 중심이 되어 한국 학계의 힘을 모아 일제침탈사 연구를 집대성하고, 관련된 자료를 수집하여 체계적으로 정리하고, 일제 침탈 실상을 바로 알리기 위한 국민 대상의 교양서 발간을 기획하게 되었습니다.

2020년부터 사업을 시작하였고, 앞으로 몇 년에 걸쳐 이를 수행할 예정입니다. 일제침탈사 편찬사업은 크게 세 부분으로 나누어 (1) 일제 침탈의 전모를 학문적으로 정리한 연구총서(50권), (2) 문호개방 이후 일제 강점기에 이르는 기간의 일제침탈 자료총서(100여 권), 그리고 (3) 일반 국민이 일체 침탈을 올바르게 알 수 있는 주제를 쉽게 풀어쓴 교양총서(70여 권)로 구성하고자 합니다.

그동안 일제의 침탈상을 밝히려는 연구가 없었던 것은 아닙니다. 관련 자료집도 여러 방면에서 편찬된 바 있습니다. 그러나 모든 분야를 망라하여 학계의 연구 성과를 종합하고 관련 자료를 편찬하는 일은 이번이 처음입니다. 무엇보다 일반 시민들이 과거 제국주의 시대 우리가 겪었던 침략과 수탈의 역사를 또렷하게 직시할 수 있게 하는 종합 자료집은 드물었습니다. 따라서 정치·경제·사회·문화 등 모든 방면에 걸쳐 침탈의 역사를 알기 쉽게 기록하고 그에 대응한 자료를 모아 번역함으로써 시민들에게 일제 식민 지배의 실체와 침탈의 실상을 전하고자 합니다.

2021년 3월
동북아역사재단 이사장

머리말

교통에 관심을 가졌던 시점은 대학생 무렵이었던 것 같다. 집 앞에 지하철 9호선이 개통했는데, 수요 예측을 잘못해 사람들이 너무 몰려 지옥철로 불렸다. 너무 많은 사람이 몰려들어 화물칸처럼 끼어 가지 않으면 지하철을 탈 수 없었다. 이상했다. 왜 이렇게 고통받으며 새로 만들어진 지하철을 타야 하는가? 얼마 후 이른바 민자로 부설된 지하철 9호선이 가지고 있었던 난점, 예비타당성 조사의 수요 예측이 현실을 제대로 반영하기 어렵다는 점 등을 확인할 수 있었다.

지옥철에 대한 고민은 19~20세기 철도와 증기선 등 근대 교통이 세계사의 전면에 등장하는 시기로 확장되었다. 근대 교통은 제국주의가 자본주의를 만나 자가증식하는 과정에서 촉매제로 작용했다. 근대 교통의 확장은 곧 제국의 시대가 확대됨을 의미했다. 역사적으로 개발과 침략은 동전의 양면 같았다. 제국의 시대 막바지에 식민지를 겪은 한반도에서도 마찬가지였다. 그런데 군사적 침략의 통로 역할을 했던 한반도의 교통망은 같은 시기 다른 지역, 다른 식민지의 교통망과 또 다른 성격을 보여주기도 했다. 보편과 특수의 종합적 이해는 언제나 큰 과제인 것 같다.

이 책은 동북아역사재단의 〈일제침탈사 바로알기〉 시리즈로 기획되었다. 일제시기 근대 교통의 양상을 쉽게 알리는 것이 기획의 목표였는데, 쉽게 쓴다는 것은 역시 쉽지 않은 작업이었다. 학술연구의 최신 동향을 섭렵해 쉽게 전달할 수 있는 2차 저자의 필요성을 절실하게 느끼게 된 작업이었다.

  가능한 한 관련 분야의 최신 연구성과를 녹여 내고자 노력했다. 어떤 장은 자세하고, 어떤 장은 그렇지 못한 경우가 있다. 그만큼 아직 축적해야 할 연구가 많이 쌓여 있다는 뜻이다. 벽돌을 하나씩 쌓아 가듯이 모든 연구자가 일희일비하지 않고 협동심을 발휘해 묵묵히 연구를 이어 나가야 할 이유일 것이다.

2021년 3월

박우현

차례

발간사 • 2
머리말 • 5

1. 제국주의 네트워크에 흡수-식민지에 놓였던 근대 교통 • 8
2. 한국과 근대 교통의 첫 만남 • 14
3. 일본의 철도 부설권 장악 시도와 경인철도 • 19
4. 제국주의 침략의 통로가 된 경부철도 • 25
5. 한국인의 철도 부설 열망과 좌절 • 31
6. 일본의 러일전쟁 전리품 경의철도 • 36
7. 남북을 빠르게 연결하라! 종관노선 위주의 철도망 구축 • 42
8. 만주 침략이라는 야욕, ㈜남만주철도의 한반도철도 위탁 경영 • 52
9. 철도의 보완재이자 일본 군부의 입김, 1910년대 도로 건설 • 57
10. '조선철도12년계획'은 왜 만들어졌고, 어떻게 진행되었나? • 64
11. 제2기 치도공사는 왜 계획대로 진행되지 못했을까? • 71
12. 침략 욕구가 만들어 낸 교통망의 확대, 북선 루트·북선 3항 • 77
13. 만주 침략이 만든 끝없는 종관루트 확보 욕망-㈜남조선철도 매수와 경경선 부설 • 84
14. 평원선 부설은 왜 36년이나 걸렸을까? • 91
15. 임시방편으로 일관했던 일제시기의 항만 건설 • 100
16. 식민정책에 발맞춰 변화했던 조선총독부 명령항로 • 106
17. 전쟁과 병참 수송, 조선 교통망의 마비 • 112
18. 철도역에서 내 집까지-식민지의 소운송업 • 118
19. 부실과 차별-일제시기 철도 교육의 키워드 • 124
20. 장터의 흥망도 좌우했던 철도망 • 130
21. 철도가 바꾼 도시의 운명 • 136
22. 부족한 학교, 부족한 열차-일제시기 통학열차의 애환 • 142
23. 철도가 만들어 낸 독립운동과 탄압 • 147

참고문헌 • 152
찾아보기 • 158

1

제국주의 네트워크에 흡수

식민지에 놓였던 근대 교통

　역사를 시기 구분하는 기준점은 사람에 따라 다르지만 우리가 사는 시기까지를 근대라고 본다면, 근대가 이전과 확실히 다른 것은 '나'와 직간접적으로 '관계하는 공간'이 전 세계로 넓어진 점이다. 지금 우리는 지구 반대편까지 여행하고, 사용하거나 먹는 상품의 원산지가 아시아 전역은 물론 남아메리카, 아프리카, 유럽까지 확대된 것을 통해 전 세계가 교통으로 연결된 세상에 살고 있음을 실감한다. 마치 동요 속 한 구절처럼 온 세상 어린이들 다 만나고 올 것 같은 낭만적인 생각마저 든다.

　그러나 근대가 만들어 낸 이와 같은 연결망은 낭만적이기보다는 침략의 형태로 시작되었고 확장했다. 흔히 '유럽의 팽창'이나 '지리상의 발견'이라고 일컫는 16세기 전후 서유럽의 확대는 오스만제국이 유럽을 공격하면서 이루어진 반작용의 하나로 보는 것이 일반적이다. 즉, 유라시아 대륙 전역에서 동시에 발생한 팽창 운동이었다. 서유럽이 갑자기 신대륙을 발견하고 발전해 나갔다는 주장은 세계사를 전체적으로 보지 않고 서유럽만 보는 유럽중심주의적 시각이다.

어쨌든 이러한 팽창 운동의 시작은 군사기술의 혁명적인 진전과 함께 이루어졌다. 말 그대로 16세기의 모든 제국은 '총포제국'이었던 셈이다. 아울러 서유럽인들이 의도한 바는 아니지만 그들이 가지고 있던 감염성 질환 균들도 면역력이 없었던 아메리카 원주민들에게는 침략의 무기가 되었다. 서유럽 제국주의 침략의 시작은 흔히 총포와 전염병으로 이루어졌다는 말처럼 전염병과 총포에 의한 원주민 학살은 글로벌화의 시작이었다.

19세기에 접어들자 서유럽의 제국주의는 아프리카·아메리카의 해안 지역을 넘어 내륙으로 그리고 아시아 전역으로 확대되었다. 원동력은 말할 것도 없이 증기선과 철도였다. 아메리카와 아프리카를 수탈해 낸 기반을 바탕으로 산업화 사회로 변신한 서유럽은 그들이 대량 생산한 상품의 판로와 더 많은 자원·노동력을 확보하고자 네트워크의 확보, 다시 말해 더 넓은 제국이 필요했다. 자본주의는 생산과 소비가 끊임없이 이루어져야만 유지될 수 있기 때문이다. 브레이크 없이 돌진하는 산업화 속에서 새로운 세계를 침략하는 것은 필연적이었다.

그런데 19세기의 제국주의 침략은 산업화의 연장선에서 이루어졌기 때문에 이전처럼 단순히 총기와 대포만으로는 진행할 수 없었다. 16세기의 침략은 해당 지역을 닥치는 대로 수탈하는 것이 목적이었다. 스페인과 포르투갈이 아메리카 등지에서 행했던 학살과 수탈, 네덜란드를 위시한 서유럽 국가들이 아프리카에서 행했던 노예무역 등을 생각해 보면 쉽게 이해할 수 있다.

그러나 19세기 이후에는 제국주의 침략의 목적이 수탈하는 것에만 한

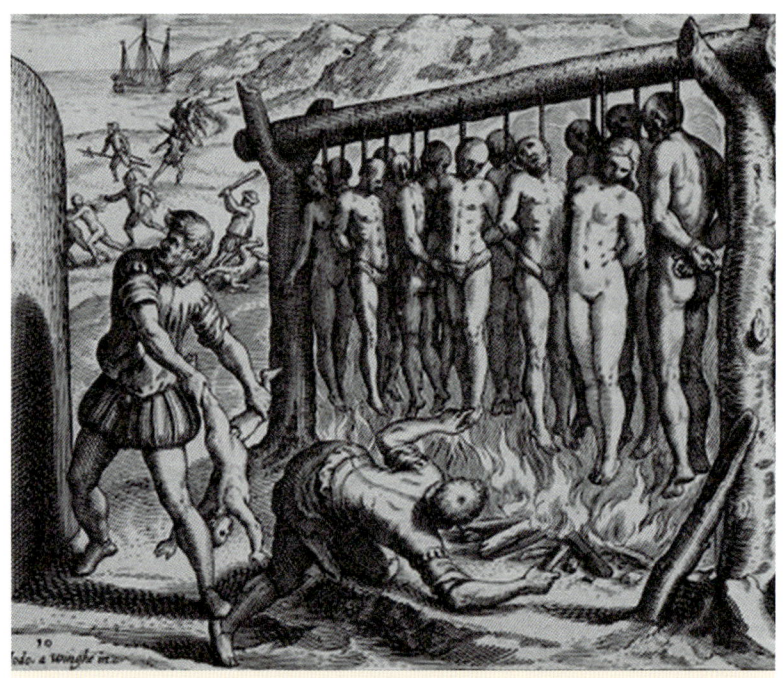

드 브리가 1504년에 새긴 아메리카 원주민을 학살하는 스페인 군인들 목판화
– 출처: 위키피디아(https://en.wikipedia.org/wiki/Bartolom%C3%A9_de_las_Casas)

정되지 않았다. 앞에서 언급했듯이 산업화로 본격화된 자본주의 시스템을 유지시켜 줄 생산과 소비의 네트워크 확보가 주요한 목적이었다. 물론 평등한 네트워크가 아닌 제국주의의 하위 파트너, 즉 식민지라는 종속적 네트워크가 필요했다. 때문에 19세기 이후의 제국주의는 아시아·아프리카 대륙에 대량의 자원과 노동력을 더 깊숙한 곳까지 빠르고 안정적으로 수송할 수 있는 능력이 필요했다. 근대적 교통의 발달이 침략의 핵심 수단이 된 것이다.

실제로 1850년 이전까지 아시아, 아프리카, 라틴 아메리카 등에 1km

1899년경 몸바사 근교의 우간다 철교
– 출처: 위키피디아(https://en.wikipedia.org/wiki/Uganda_Railway)

도 존재하지 않던 철도가 1870년에 약 13,000km(아시아 8,400km, 아프리카 1,800km, 라틴 아메리카 3,000km)가 되었고, 1900년에는 122,000km(아시아 60,000km, 아프리카 20,000km, 라틴 아메리카 42,000km), 1913년에는 259,000km(아시아 108,000km, 아프리카 44,000km, 라틴 아메리카 107,000km)까지 급격히 늘어났다.

철도는 제국주의 침략 정책의 결과물이었음은 말할 것도 없으며, 19세기 이후 자본주의적 제국주의와 운명을 함께했다. 서유럽 제국주의 국가의 정치가·자본가들은 철도를 아시아, 아프리카 등에 자국의 공산품을 침투시키고, 그곳에서 1차 산품을 끌어내며, 군대와 관리를 신속히 파견할 수 있는 통로로 삼고자 했다. 실제로 철도가 자본주의 성장을 가져왔는가에 대해서는 아직 논쟁 중이지만 19세기에 식민지 확대를 꿈꾸던 제국주의자들을 흥분시킨 교통수단이었음은 분명하다.

제국주의 국가들은 철도나 항만을 부설하는 권리를 획득하거나 필요한 자금을 빌려주는 형태로 아시아·아프리카의 근대적 교통을 장악해

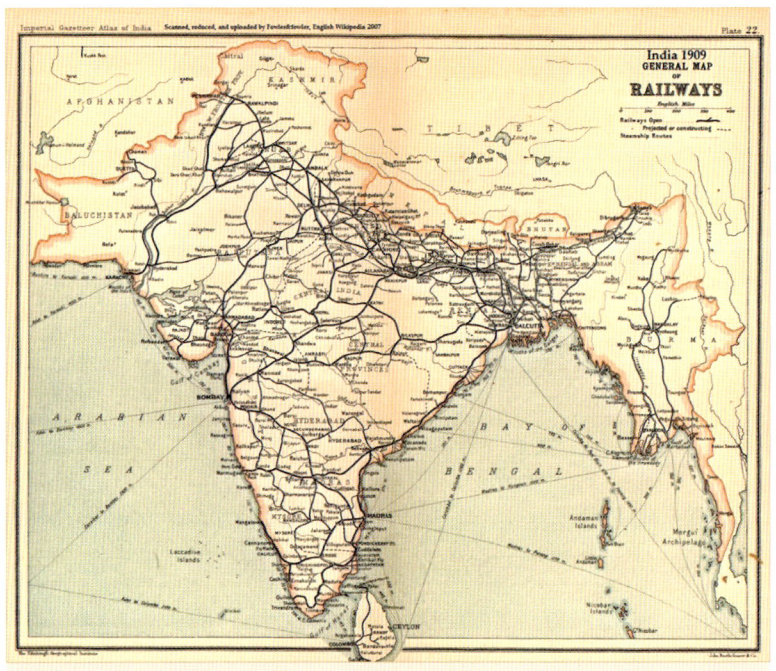

1909년 당시 인도의 철도망

- 출처: Imperial Gazetteer Atlas of India, vol. 25, Oxford University Press, 1909.

들어갔다. 장악 과정은 '근대화'라는 명목으로 포장되었다. 너희도 우리와 같은 방식으로 발전해야 한다는 명제를 '무오류의 진리'처럼 내걸었던 제국주의 국가들은 항만을 건설하고 철도를 놓는 작업을 제국의 '시혜'라고 강조했다. 총기와 대포로 협박하던 제국주의가 강력한 저항을 겪자 침략을 정당화하려고 만들어낸 사회진화론적 포장이었다.

다시 말해 아시아, 아프리카, 라틴 아메리카 등에 놓였던 철도는 노선을 부설할 권리를 획득하는 것에서부터 그 지역의 국가와 제국주의 국가 간의 대립, 제국주의 국가들 간의 대립 등이 첨예했다. 사람과 사람, 사물과 사물을 이어 주는 낭만적인 매개체에 주권과 침략, 지배와 저항 같은 정치·경제적 갈등이 드러나기 시작했다. 근대자본주의가 만들어 낸 모습이었다. 심지어 19세기 말에서 20세기 초반의 중국에서 확인할 수 있듯이 하나의 제국주의 국가가 독점적인 지배를 구축하지 못한 지역에서는 철도 노선을 따라 형성되는 '영향 권역'이 각 제국주의 국가들의 통제권역이 되기도 했다. 20세기 초반까지 철도는 제국주의 그 자체였다.

식민지를 겪었던 우리 역사에서도 철도의 등장은 다르지 않았다. 근대 문물의 총아로서 철도의 등장은 '근대화'로 포장되며 자본주의적 발전의 시혜처럼 비치기도 했고, 한반도가 식민지라는 형태의 제국주의 네트워크로 빨려 들어감을 의미하기도 했다. 전자가 겉으로 드러난 현상이었다면 후자는 현상의 본질이었다.

2
한국과 근대 교통의 첫 만남

　한국인 최초로 근대식 도로나 철도를 목격하고 기록한 사람은 누구일까?

　조선은 1876년 일본과 조일수호조규(강화도조약)를 맺은 뒤 최초로 근대적 외교사절단을 파견했다. 일본에 파견한 수신사가 그것인데, 1차 수신사를 이끌었던 김기수의 눈과 글을 통해 철도를 처음 목격한 한국인의 감상을 읽을 수 있다.

　김기수 일행은 1876년 4월 29일(음력) 오후 4시, 일본의 증기선 황룡환(黃龍丸)을 타고 부산항을 출발해 시모노세키[下關]와 요코하마[橫浜]를 거쳐 5월 7일 도쿄[東京]에 도착했다. 대략 3개월이 걸렸다는 조선통신사 행렬과 달리 일주일 만에 도쿄에 도착할 수 있었던 것은 증기선과 철도라는 근대적 교통을 이용했기 때문이다.

　김기수는 수신사 사절로서 일본에 다녀온 감상을 1877년 『일동기유(日

東記遊)』에 담았다. 철도에 관한 내용도 있다. 화륜거는 기차를 부르던 옛 명칭이다.

철도 양쪽 수레바퀴가 닿는 곳에 편철(片鐵)을 깔았는데, 밖은 들리고 안은 굽어서 수레바퀴가 굴러가도 궤도를 벗어나지 않는다. 화륜거는 40~50간(약 73~91m)이나 되는데, 차마다 바퀴가 달려 앞 차의 화륜이 한 번 구르면 여러 차의 바퀴가 따라서 구른다. 화륜거는 천둥번개처럼 달리고 비바람처럼 날뛰어 한 시간에 300~400리를 달리는 데도 차체는 안온하고 조금도 요동치지 않는다. 좌우의 산천, 초목, 옥택(屋宅), 인물 등이 보이기는 하나 앞뒤에서 번쩍번쩍하므로 도저히 걷잡을 수 없다.

- 『일동기유(日東記遊)』

1876년 요코하마에 도착한 수신사 행렬
- 출처: 『Illustrated Londen News』, 1876년 8월 26일

김기수의 묘사에서 기차를 처음 타본 사람의 충격과 경탄이 느껴진다. 기차의 생김새를 상상할 수 없었던 그는 기차를 눈앞에 두고도 기차가 어디에 있냐고 일본인에게 묻는 실수를 하기도 했다. 기차의 속도에 대해서는 "담배 한 대 피울 동안 벌써 신바시[新橋]에 도착했으니, 즉 90리나 왔다"라고 서술했다. 그는 당시 일본 도쿄 긴자[銀座]에 조성된 서구식 도로를 보고 "길이 깨끗하여 맨발로 돌아다녀도 더럽지 않으며, 큰 비가 온 뒤에도 바닥이 미끄럽지 않다"라고 호평했다.

조선 정부는 1881년 초 통리기무아문 설립 등을 시작으로 개화정책을 추진하면서 조사시찰단 형태로 일본에 관료를 파견했다. 박정양, 어윤중, 조준영, 홍영식 등이 조사(朝士)로 파견되었는데 1880~1890년대 조선의 개화정책에서 주도적 역할을 했던 인물들이다. 근대 교통에 충격과 경탄을 마지 않았던 김기수와 달리 이들은 본격적으로 조선에 근대적 인프라를 구축하기 위한 구체적 정책 분석을 시도했다.

전신과 철도는 사용량과 거리에 따라 요금을 책정하여 운영하고 있음을 지적한 조준영이나, 정부가 민간기업에 자금과 설비를 지원하는 형태로 육상·해상 교통수단을 운영하고 있음을 주목한 어윤중의 언급 등은 모두 단순한 경탄을 넘어선 정책 분석의 흔적이다. 나아가 박정양은 철도 부설에 따른 손익계산까지 시도했다.

매년 수입금은 80여만 엔이나 해마다 철로 보수 등에 드는 비용이 50만 엔이 넘어서, 1년 수입에서 비용을 빼면 남는 것이 고작 30만 엔 정도이다. 이 수익금으로 가설 사업에 든 비용을 충당하려면 30년이 넘어야 다 갚을 수 있다. 하물며 애초의 가설 비용은 모두 국채이다. 매년 국채의 이자가 매우 높으니 순수익금으로 이자를 갚는 데 불과할 뿐이다. 그러므로 원금과 이자 상환은 언제가 될지 기약할 수 없다.

- 『일본국문견조건(日本國聞見條件)』

박정양의 언급은 자본주의가 제국주의 침략에 편승해 전 세계로 확대되는 과정에서 근대적 교통수단인 철도의 중요성을 고찰하지 못하고 단순히 대차대조표만을 그린 점에서 아쉬운 대목이다.

철도는 19세기 말 이미 운영 자체로 순익을 낼 수 있는가, 부설에 발행한 국채의 원리금을 상환할 수 있는가 등의 수지타산을 따지는 대상이 아니었다. 철도 부설은 초기 비용이 많이 들기 때문에 국채 발행, 즉 빚을 지고 부설해 원리금을 갚아 나가는 형태가 될 수밖에 없었다. 따라서 초기에는 이익이 나지 않지만 철도역을 중심으로 도시화가 진척되고, 자본주의의 발달이 진행되어 이익을 내게 된다. 높은 초기 비용에도 불구하고 철도가 자본주의 발달에 미치는 막대한 영향력 때문에 영국을 제외한 후발국가들은 대부분 국가 주도로 철도를 부설했다. 흔히 인프라 스트럭처 혹은 기간산업이 가지는 일반적인 특징이다.

게다가 19세기가 되면서 제국주의 침략은 철도를 매개로 진행되었다. 철도 부설권, 즉 철도 권익은 곧 제국주의 국가의 세력 범위를 의미했으며, 식민지 등 해외에 부설한 철도는 제국주의 국가의 자본력과 기술력을 상징했다. 1899년 독일이 오스만제국으로부터 획득한 바그다드 철도가 제1차 세계대전의 배경이 되었던 것처럼 19세기 말 철도 권익은 곧 국가의 주권이었다. 철도 순익으로 원리금 상환이 어렵다는 점은 제국주의 시대에 철도가 지닌 중요성에 비하면 부차적인 문제였다. 150여 년이 지난 지금 말한다는 것이 무책임할지 모르겠지만 조세 수입, 차관 등으로 철도 부설 원리금 상환을 해결하고 철도 권익을 지켜냈다면 어땠을까 하는 생각이 드는 것은 어쩔 수 없다.

물론 근대 문물이 무조건 우월하다거나 반드시 따라잡아야 할 대상이라고 보는 것은 아니다. 근대화를 선점한 국가와 그렇지 않은 국가로 우열을 매겨 줄 세우는 것은 유럽 중심주의와 사회진화론에 물든 제국주의적 사고방식이다. 현재 학계에서 이런 방식으로 1880년 전후 아시아·아프리카의 선택을 보는 학문적 접근은 없다. 애초에 조선은 조세를 적게 거두어 백성들의 평안한 삶을 보전하는 것을 운영 원리이자 미덕으로 삼았던 국가였다. 이러한 방식이 19세기 초반 국가 운영의 모순을 누적시키기도 했다. 그랬기에 다른 조세 수입으로 원금과 이자를 상환하면서까지 철도를 부설하는 것이 백성을 위한 것이라고 상상하기는 불가능했을지도 모른다.

하지만 어쩔 수 없이 일단 제국주의 세계에 발을 디딘 이상, 살아남기 위해 권익을 지키면서 철도 등 근대 교통을 빠르게 받아들여야 한다는 판단을 하지 못한 것은 갑신정변 이후 1880년대를 허송세월했던 조선왕조의 패착 중 하나였다.

3

일본의 철도 부설권 장악 시도와 경인철도

　19세기 말 근대 교통은 곧 해당 국가의 주권이었고, 철도 권익 사수가 제국주의 경쟁과 침략 속에서 국가의 존망을 결정지을 수 있는 요소였다. 그런 의미에서 청, 일본, 러시아 등이 아직 한반도에 영향력을 독점적으로 행사하지 못하던 1880년대는 조선에 마지막 기회였다고 볼 수 있다. 이 시기에 정부 주도로 철도를 부설하지 못한 것은 이후 한반도에 건설된 근대 교통체계 전반에 조선의 권익을 행사하지 못하는 결과를 초래했다.

　결국 조선 정부는 동학농민운동 진압을 명분으로 군대를 보낸 일본이 청일전쟁 발발 이틀 전 경복궁을 점령(1894. 7. 23.)한 상황에서 외부대신 김윤식(金允植)과 일본공사 오토리 게이스케[大鳥圭介]가 '조일잠정합동조관(朝日暫定合同條款, 1894. 8. 20.)'을 체결함으로써 경인·경부철도 부설권을 일본(정부 또는 회사)에 내주기로 잠정 합의해야 했다. 그리고 갑오개혁의 하나로 1894년 6월 28일(음력)에는 의정부 산하 공무아문(工務衙門)에 철도국을 설치하고, 참의 1인·주사 2인을 두는 안을 발표했다. 참의인 철도국장은 광산국장 등을 겸했다. 최초로 조선에 철도를 전담하는 정부 조직이 출범한 것이었지만 일본의 한반도 철도 부설권 장악 의도와 연계되어 진행된 점을 부정할 수 없다.

정부는 청일전쟁 직후 이른바 삼국간섭을 겪으며 일본의 영향력이 약해지자 1896년 3월 29일 미국인 모스(James R. Morse)에게 경인철도 부설권을 넘겼고, 7월 3일에는 그릴(Grille)이 대표인 프랑스 기업 피브릴르(Fives Lile) 상사에 경의철도 부설권을 허가했다. 이처럼 여러 열강에 철도 권익을 분산시키는 모습은 개항기 조선 정부가 벌였던 외교의 일반적인 모습과 유사했다. 그러나 제국주의 시대에 철도 부설권을 내주는 것은

1899년 9월 18일 인천역에서 열린 경인철도 개업 예식
- 출처: 국토교통부 외, 『2019 사진으로 보는 新한국철도사』, 2019, 24쪽(『철도박물관도록』 수록)

주권을 넘기는 것과 같았다.

 철도 권익이 여러 열강에 분산되었지만 이미 조선 정부의 손을 떠난 이상 조선 지배에 더 큰 야욕을 가진 제국주의 국가가 등장하면 금세 그 국가로 집중될 위험성이 있었다. 미국인 모스나 프랑스 기업 피브릴르는 경제적 이권을 획득하려고 조선에 투자했던 기업일 뿐이지만, 일본은 국가가 직접 나서 조선의 철도 부설권을 장악하고자 했다. 체급이 달랐다. 경인선 부설권을 되찾는 것을 비롯해 조선 전체의 부설권을 장악하기 위해 일본은 집요하게 달려들었다. 일본의 집요함은 청일전쟁 이전에 이미 경부철도 대상 지역을 몰래 답사하고 측량했던 일화에서도 확인할 수 있다.

1892년 사냥꾼으로 변장하고 대구로 출발하는 경부선 측량대
- 출처: 국토교통부 외, 『2019 사진으로 보는 新한국철도사』, 2019, 23쪽(한국철도공사 제공)

1892년 부산 주재 일본 총영사 무로타 요시후미[室田義文]는 1년 전 일본 육군 참모차장 가와카미 소로쿠[川上操六]의 지시로 외무대신 에노모토 다케아키[榎本武揚]에게 한성-부산 구간에 철도를 부설하게 될 수 있으므로 미리 노선을 답사해야 한다고 요청했다. 이에 따라 1892년 8월 일본은 비밀리에 조선에 철도 기사 고노 아마미즈[河野天瑞]를 파견해 이 구간을 측량했다. 일본이 제국주의 국가로 나아가면서 조선을 지배하기 위한 첫 단추로 철도 부설을 계획했다는 점을 확인할 수 있는 대목이다.

결국 1890년대를 거치면서 한반도에 놓일 철도 부설권은 모두 일본 정부의 입김이 강하게 들어간 회사로 집중되었다. 그리고 1899년 9월 18일 제물포에서 노량진을 오가는 경인철도 전 구간이 개통되어 최초의 영업을 시작하게 되었다. 제물포와 노량진에서 오전·오후 각 1회씩 발차했고, 소요 시간은 1시간 40분이었다. 이듬해 한강철교가 준공(1900. 7. 5.)되어 노량진-용산 구간이 이어져 한성으로 직결되었다.

그렇다면 한국 최초의 철도 부설을 바라보던 언론들은 어떤 반응을 보였을까?

철도 권익과 관련해 『독립신문』은 철도 부설 주체가 일본이었던 것에 대해 전혀 문제 삼지 않았다. 오히려 "광산과 철도를 타국에 주었다는데 그 때문에 나라가 망할 것은 없다"라고 비판하기도 했다.

『황성신문』은 제국주의의 약육강식 논리를 수용해 열강의 힘에 굴복하는 모습을 보였지만 철도라는 근대 문명이 무조건 국가와 인민에게 이로움만 가져올 것이라고 생각하지는 않았다. 경인철도 부설을 두고도 외국인이 눈치가 빨라 모든 이익을 가져가 버렸다고 비판하며 "비록 짧은 거리라도 자국 자력으로 실제 부설하고 개통 운전하여 그 시운(試運)의 자리에 외국 빈객을 초청하여 경축연락(慶祝宴樂)하면 우리 국민의 감동과 행복이 얼마나 크겠는가"라며 철도 권익 상실을 안타까워했다.

1904년 창간되어 애국계몽운동의 사령탑 역할을 했던 『대한매일신보』는 보다 명확히 일본에 의해 부설된 철도가 야기할 문제를 인식하고 있었다. "지금 한국의 철도는 한국의 문명을 개발하며 한국의 식산을 진흥한다"는 가소로운 언사에 대해 "대개 철도는 문명 식산의 이로운 그릇이 아님은 아니나 자기 나라 사람의 손에 있으면 문명도 가히 개발할 것이며 식산도 가히 진흥하려니와 외국인의 수중으로 돌아간 것이야 외국의 문명은 더욱 개발될지언정 자기 나라에 무엇이 유익하며 외국의 식산은 더욱 진흥할지언정 자기 나라에 무엇이 유익하리오"라고 질타했다. 철도

1900년 경인철도 초창기 인천역 모습
- 출처: 국토교통부 외, 『2019 사진으로 보는 新한국철도사』, 2019, 25쪽(한국철도공사 제공)

권익을 지키는 것이 중요함을 정확히 인식한 발언이었다.

　이처럼 경인철도가 최초로 개통되고 경부철도 부설이 진행되기 시작했던 1900년 전후 언론이 철도 권익을 인식하는 방식은 다양했다. 물론 현실은 이와 무관했다. 철도를 중심으로 한 한반도의 근대 교통 구축은 1904년 러일전쟁을 겪으며 더욱 철저하게 일본의 제국주의 침략과 궤를 같이하는 방향으로 나아갔다.

4
제국주의 침략의 통로가 된 경부철도

경부철도는 일본이 조선에서 손에 넣고자 했던 가장 핵심적인 철도 권익이었다. 일본은 서구의 침략 정책을 모방해 제국주의 국가로 나아가는 발판으로 경부철도 부설권을 획득하고자 했다. 1892년 한성-부산 구간을 비밀 측량한 것은 이와 같은 국제정세와 연동된 움직임이었다. 1891년에 러시아가 첼랴빈스크에서 블라디보스토크에 이르는 시베리아 철도를 기공(起工)하자, 영국은 이에 대항하여 중국 베이징에서 펑톈[奉天, 지금의 셴양(瀋陽)]에 이르는 경봉철도(京奉鐵道)를 착공함으로써 양국의 대립이 동북아시아에서 철도를 매개로 날카롭게 전개되었다.

동아시아를 둘러싼 열강의 대치가 철도를 통해 벌어지자 일본도 같은 방식으로 한반도의 경부철도 부설권을 장악하여 제국주의에 박차를 가했다. 철도 부설권 장악을 통한 일본의 한반도 침략 정책은 군국주의 성향이 강했던 야마가타 아리토모[山縣有朋] 등 군부 세력의 전유물이 아니었다. 두 차례 내각총리대신을 역임했던 오쿠마 시게노부[大隈重信]도 "철도 계획은 부산에서 서울에 이르고 계속해서 평양과 의주에 다다르며, 한편으로는 부산에서 원산을 거쳐 함경도를 통해 러시아 국경까지 노선을 연장하고 싶다"라고 했다. 군부와 다른 점이 있다면 이 철도가 후일 시베리아 철도와 연결되면 수익성이 있을 것이라고 강조하며 경제성을 중시한 것이다. 그러면서 "만약 조선이 의심하거나 방해를 한다면 대원군 및 국왕을 폐하라"라고 했다.

한반도 철도망을 제국주의 확대의 발판으로 삼고자 했던 열강은 일본

20세기 초 한반도-만주 주요 철도망
- 출처: 위키피디아(https://en.wikipedia.org/wiki/Chinese_Eastern_Railway)에서 필자가 수정, 편집

만이 아니었다. 독일이나 프랑스도 한반도 철도망에 관심을 보였지만 지리적으로 근접한 러시아가 가장 큰 관심을 보였다. 1891년 러시아는 시베리아 철도의 종점이자 종단항(終端港)으로 동해안의 원산을 상정했다. 이에 따라 원산을 기점으로 블라디보스토크, 한성을 잇는 철도를 계획했다. 나아가 동맹국이었던 프랑스를 후원해 한성-의주, 한성-목포 철도 부설권을 확보하도록 지원하기도 했다. 이로써 한반도 철도 부설권을 놓고 일본과 러시아의 각축이 예고되었다.

그런데 1897년 11월 독일이 중국 산둥 지역의 자오저우만[膠州灣]을 점령하면서 상황이 급변했다. 러시아는 이에 대응하기 위해 청과 파블로프 조약을 체결하고 대안(對岸)인 랴오둥반도를 조차했다. 그리고 동청철도(하얼빈-블라디보스토크)의 기점이었던 하얼빈에서 랴오둥반도의 다롄[大連]에 이르는 남만주 철도 부설권을 획득하였다. 러시아의 움직임은 시베

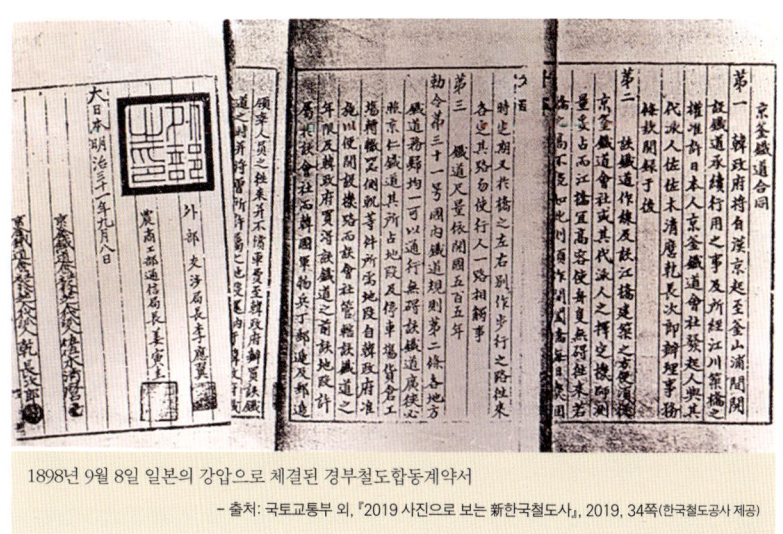

1898년 9월 8일 일본의 강압으로 체결된 경부철도합동계약서
- 출처: 국토교통부 외, 『2019 사진으로 보는 新한국철도사』, 2019, 34쪽(한국철도공사 제공)

리아 철도의 종착역을 동해안의 원산에서 랴오둥반도로 이전하는 듯한 인상을 주었기 때문에 한반도 철도 부설권 경쟁에도 변화를 일으켰다.

일본은 이 틈을 파고들었다. 1898년 4월 25일 외무대신 니시 도쿠지로[西德二郎]가 도쿄에서 주일 러시아 공사 로젠(Roman Romanovich Rosen)과 '만한(滿韓)교환론'에 따른 로젠-니시협정을 체결했다. 협정의 핵심은

1901년 8월 21일 영등포에서 열렸던 경부철도 북부 기공식
- 출처: 국토교통부 외, 『2019 사진으로 보는 新한국철도사』, 2019, 25쪽

러시아가 한국에서의 일본의 상업상·공업상의 우위를 인정하고, 일본의 발전을 방해하지 않는다는 내용이었다. 한마디로 랴오둥반도와 한국을 양국이 나누어 먹는 합의를 한 것이다.

한반도를 둘러싼 국제정세의 교착 상태가 끝나자 대일교섭 담당자를 교체하거나 회피하는 방식으로 부설권 협상을 지연시켰던 한국도 더는 방법이 없었다. 결국 1898년 9월 8일 경부철도합동조약이 체결되며 경부철도 부설권이 일본으로 넘어갔다.

경부철도합동조약은 선로, 정거장, 창고, 공작물 등에 필요한 용지는 한국 정부가 무상으로 제공(제3조)하도록 하고, 외국에서 수입되는 철도 관련 기계 및 각종 물품의 관세와 철도용지에 관계된 세금을 면제하며,

1905년 5월 초량역에서 개최된 경부철도 개통 축하회
- 출처: 국토교통부 외, 『2019 사진으로 보는 新한국철도사』, 2019, 28쪽(한국철도공사 제공)

철도 영업에 관한 이익에는 징세하지 않도록 했으며(제5조), 완공 후 15년 간 일본이 영업권을 독점하고, 한국이 이를 매수할 수 없으면 10년씩 연장(제12조)한다는 전형적인 불평등조약이었다.

특히 선로, 정거장 등 철도용지를 한국 정부로부터 무상으로 공급받는다는 항목은 사실상 자국의 영토를 내주는 것과 다름없었다. 게다가 철도용지를 무상으로 내주기 위해서는 한국 정부가 해당 용지의 주인들에게 땅을 매입해야 했다. 일본은 철도 부설지를 매입하는 데 필요한 자금을 한국 정부에 차관으로 제공했다. 한국이 빚을 내어 일본에 땅을 내준 셈이었다. 제국주의가 철도를 매개로 식민지를 확장해 나가는 방식은 이처럼 치밀했다.

5
한국인의 철도 부설 열망과 좌절

일본이 한국의 철도 부설권을 장악해 가는 동안 한국인들은 철도 부설에 무관심했을까?

그렇지 않았다. 정부가 철도 권익을 지켜내지 못하는 와중에도 민간 자본의 철도 부설 노력은 이어졌다.

부산 출신의 상인인 박기종(朴琪淙)이 대표적이다. 그는 일본 상인들과 거래하며 일본어를 익혀 1876년 1차 수신사가 일본을 방문할 때 통역관으로 수행했다. 그는 일본에서 철도를 보고 큰 충격을 받았다. 한국으로 돌아온 뒤 철도사업에 역점을 둔 그는 일본에서 오는 화물 집결지였던 낙동강 하단포(현재 부산 사하구 하단동의 포구)와 부산을 철도로 연결하기 위해 부하(釜下)철도회사를 세웠다. 사장은 형조판서를 지내고, 궁내부대신에 재임 중이었던 종친 이재순(李載純)이었다.

전형적인 정경유착의 형태였다. 이를 한국 근대의 특수한 모습이자 병폐로 보아야 할까?

그렇지 않다. 근대자본주의가 만들어지고 발달하는 초기 과정에서 정경유착 형태의 회사는 일반적이었다. 영국이나 네덜란드가 인도와 인도네시아에 세웠던 동인도회사, 프랑스가 베트남에 세웠던 철도회사나 탄광회사 등은 모두 정부 고위 관료가 임원에 들어가거나 정부로부터 독점적인 권리를 인정받는 등 정경유착을 통한 자본 축적이 일반적 현상이었다. 태초부터 시장 경쟁을 통해 자본주의가 발달했다는 것은 역사적으로 사례를 찾기 힘든 이론적인 사고실험이다. 경쟁할 토대, 자산이 없는 초기 상황에서는 정치 권력의 도움을 받는 것이 오히려 상식적인 접근이었을 것이다.

『상경일기』에 수록된 박기종(1839~1907)
- 출처: 부산근대역사관 소장

어쨌든 부하철도회사는 1898년 6월 3일 한국 정부로부터 부설권을 인정받았다. 9.6km의 짧은 노선이었지만 정부가 국내 민간 자본에 부설권을 내준 첫 사례였다. 그러나 부하철도 부설은 곧 중단되었다. 허가를 받은 지 불과 3개월 후 경부철도합동조약이 체결되어 일본이 경부철도 부설권을 장악하면서 노선 중복 문제가 제기되었기 때문이다. 제국주의 침략으로 체결된 불평등조약이 한국의 민간 자본 성장을 제약한 것이다.

박기종은 부하철도의 실패에서 좌절하지 않고 1899년 3월 대한국내철도용달회사(이하 대한철도회사)를 세워 6월 17일 한성-원산 철도 부설권을 정부로부터 인가받았다. 외국인에게 전매하면 엄중히 처벌받는다는 전제와 황실이 투자하겠다는 약속까지 받아낸 인가였다. 한성에서 동북 방향으로 올라가 원산에 이르는 경원철도는 독일과 일본이 집요하게 요구했던 노선이었다. 나아가 박기종은 한성-의주 철도 부설권도 허가받았다. 앞서 경의철도 부설 인가를 받았던 피브릴르 상사가 공사 착수를 미루다 부설권이 소멸되자 정부가 1899년 7월 8일 외국인에게 전매 금지, 5년 내 기공, 15년 내 준공 조건으로 대한철도회사에 허가한 것이다.

대한국내철도용달회사 광고
- 출처: 『황성신문』, 1899년 7월 1일 자

국내 민간 자본에 부설권을 몰아준 것은 1897년 만들어진 대한제국이 나름대로 철도 권익을 지키고자 했던 정책 중 하나였다. 박기종은 이러한 정부 정책에 편승해 조세 증징, 관공리 봉급의 일정 부분을 주식 형태로 출자하는 방식 등의 자금 모집안도 정부에 제안했다. 독자적인 국채 발행이 어려운 상황에서 시도해 볼만한 정책이었지만 정부는 이를 수용하지 않았다.

그렇다면 한국 정부는 자금 조달을 위한 대안이 있었을까?

아쉽게도 한국 정부는 철도 부설을 위한 구체적인 자금 조달 방안을 가지고 있지 못했다. 철도는 부설에 대규모 자금이 집중적으로 소요되는 반면, 투자 이익을 회수하는 데에는 오랜 기간이 필요하다. 때문에 19세기 영국과 미국에서 민간 자본이 무분별하고 무계획적으로 부설했던 철도는 대공황의 원인이 되었다. 따라서 철도 부설에는 계획이 필요했고, 대규모 자금을 끌어올 수 있는 국가의 정책적 지원과 금융적 뒷받침이 필수적이었다. 이는 19세기에 자국을 넘어 아시아·아프리카까지 철도를 부설하며 제국주의 침략을 단행했던 모든 열강이 추진했던 방식이었다.

제국주의 국가뿐 아니라 그들의 침략을 막아내기 위해서라도 이러한 정책은 필요했다. 철도 부설의 주체가 정부든 민간 자본이든, 중요한 문제는 부설에 필요한 대규모 자금을 어떻게 효율적으로 집중시켜 조달하는가였다. 그러나 한국 정부는 차관이든 주식 모금이든 확실한 자금 조달 정책을 통해 철도 자본을 지원하지 못했다. 당시 이를 할 수 있는 유일한 주체는 정부였지만 구체적인 방안이 없었다.

조선 땅에 철도 부설을 할 돈이 있었겠느냐고 반문할 수도 있다. 일리 있는 말이다. 그런데 당시 정부가 철도 부설에 필요한 노동력을 모집하는 특허회사를 지정하자 각지의 자산가들이 나서서 용달회사를 설립하겠다는 신청이 붐을 이루기도 했고, 이를 미끼로 사기 사건이 빈발하기도 했다. 이러한 현상은 당대 한국 사회에도 자금 조달의 여지가 제법 넓었고, 투자 대상으로 철도 부설에 대한 기대감이 컸다는 것을 간접적으로 확인할 수 있다. 문제는 이 자금을 집중시킬 국가의 행정력이었다.

부설 자금을 국내에서 조달해야만 했던 것도 아니다. 앞서 언급했던 박기종이 경원철도 부설권을 가지고도 자금 조달이 어려워 차질을 빚자 1899년 9월 독일이 박기종의 대한철도회사에 자금을 대여하겠다고 수차례 제안했다. 하지만 한국 정부는 박기종이 자금을 마련할 수 있다고 하면서 이를 거절했다. 물론 일본, 러시아 등과 마찬가지로 독일도 제국주의 국가였으므로 경원철도 부설에 자금을 대여해 경영권을 장악하겠다는 구상이었을 것이다.

하지만 독일은 일본·러시아와 달리 한반도에서 아주 멀리 떨어진 국가로 한반도 지배에 직접적 이해관계가 가장 적은 나라였다. 철도 부설을 통한 경영권 장악이 러시아·일본처럼 정치·군사적 지배로 연결될 가능성이 적었다. 일반화할 수 있는 생각은 아니지만, 지리적으로 멀리 떨어져 있다는 점은 그만큼 정치·군사적 간섭이 클 수 없음을 보여 준다. 1853년 미국에 의해 강제 개항된 일본은 일본에 의해 개항했던 조선과 비교할 때 상대적으로 정치·군사적 간섭을 덜 받았다. 아쉽게도 당시 한국 정부는 이러한 국제 상황을 이용해 상대적으로 정치적 부담이 덜한 독일 차관으로 자금을 조달하는 혜안을 지니지 못했다.

6
일본의 러일전쟁 전리품 경의철도

경의철도는 남북한 긴장 완화와 경제 협력의 상징으로 알려져 있다. 서울 용산에서 평안북도 신의주를 연결하는 노선으로 경부철도와 함께 한반도 남북을 종관하는 핵심 노선이다. 때문에 부설권을 둘러싸고도 한국 정부와 제국주의 열강 사이에 치열한 다툼이 전개되었다.

가장 먼저 경의철도 부설권을 손에 넣은 세력은 프랑스 기업 피브릴르였다. 한국 정부와 피브릴르 상사가 맺은 경의철도합동(1896. 7. 3.)의 주요 내용은 3년 이내 공사 시작, 9년 이내 공사 완료, 공사 완료 15년 후 정부가 경의철도를 구입할 수 있으며, 구입하지 못하면 10년씩 연장한다는 것이었다. 피브릴르 상사는 처음에 경의철도를 99년간 소유하겠다고 주장했지만 한국 정부의 반대로 경인철도와 같이 15년으로 결정되었다. 결정된 조약 내용도 한국에 불리한 불평등 조약이었다.

그런데 변수가 발생했다. 피브릴르 상사가 3년이 지난 1899년 6월 30일까지 공사에 착수하지 못했던 것이다. 피브릴르 상사의 자금난이 원인이기도 했지만, 동아시아를 둘러싼 제국주의 국가 간 정책 변화 때문이기도 했다. 1897년 11월 독일이 중국 산둥 지역의 자오저우만을 점령하면서 러시아가 동아시아 철도 정책의 중심을 한반도에서 랴오둥반도로 옮겼다. 그러자 러시아를 후원하던 프랑스의 동아시아 철도 정책도 러시아의 변화와 함께 움직였다. 피브릴르 상사가 경의철도 부설에 대규모 자금을 투자할 동기가 사라지게 된 것이다.

피브릴르 상사는 공사가 불가능하다고 판단되자 부설권 판매로 한몫 챙기려는 생각을 굳혔다. 프랑스는 일본에 경의선 부설권 매수를 제안했다. 그러나 일본은 경부철도 부설 자금도 조달하기 어려웠고, 시효도 얼마 남지 않아 굳이 매수할 필요가 없었다. 제국주의 열강들끼리 서로 미적대는 동안 계약 기간이 만료되어 경의철도 부설권은 한국 정부로 반환되었다.

프랑스는 피브릴르 상사의 부설권을 반환하면서 한국 정부에게 이후 철도를 부설할 때 프랑스의 물자를 사서 쓰고, 프랑스인 기사를 고용해야 한다면서 측량 등에 소요된 비용을 물자 구입과 프랑스인 기사 고용을 통해 배상해야 한다는 무리한 주장을 했다. 한국 정부는 공사 착수 기한을 어겨 부설권을 환수한 것일 뿐 측량비는 거론할 바가 아니지만, 양국의 친분이 두텁고 프랑스 기사와 기계가 다른 나라보다 좋으니 피브릴르 상사의 의견을 수락한다고 답했다. 친분이 두터울 리도 없고, 프랑스 기계가 유독 좋을 리도 없었다. 하지만 떠나는 마당에도 제국주의의 이윤 추구는 집요했다.

그렇다면 반환된 부설권은 어떻게 되었을까?

늦게나마 철도 권익을 지켜야 한다는 의식이 싹트고 있었던 한국 정부는 부설권을 박기종의 대한철도회사에게 넘겼지만 대한철도회사는 자금난에 시달리고 있었다. 한국 정부는 직접 나서 1900년 9월 내장원에 서북철도국을 설치하여 경의철도를 직접 건설하려 했다. 서북철도국은 우선 정부 예산 300만 원으로 한성-개성 철도를 건설하기로 하고 공사에 들어갔다.

한국 정부가 직접 공사에 들어가자 일본은 당황했다. 일본은 경부철도에 이어 경의철도까지 장악하여 한반도 종관철도를 대륙 침략의 발판으로 삼을 생각이었다. 일본은 한국 정부와 대한철도회사의 아킬레스건인 자금 문제를 파고들어 서북철도국을 형식적인 감독관청으로 전락시키고, 부설권자인 대한철도회사에 차관을 제공해 합자회사 형식으로 지배하려 했다. 결국 1903년 7월 13일 한성-평양 구간 부설을 대한철도회사

1903년 경의철도 부설 현장
- 출처: 국토교통부 외, 『2019 사진으로 보는 新한국철도사』, 2019, 26쪽(『철도박물관도록』 수록)

에 맡긴다는 칙령이 내려졌고, 9월 8일 대한철도회사는 일본제일은행과 경의철도차관계약을 체결했다. 일본은 자금난을 파고들어 금융을 통한 종속이라는 방식을 택했던 것이다.

그러나 동아시아를 둘러싼 국제정세는 금융을 통한 간접적인 종속마저도 사치로 여겨지게 했다. 한반도 및 만주에서 이익 범위에 대해 러시아와 일본의 대립이 갈수록 격렬해졌고 1904년 2월 러일전쟁이 발발했다. 일본은 전쟁을 경의철도를 장악하기 위한 도구로 활용했다. 대한제국은 러일전쟁이 터지자 곧바로 중립을 선언했지만 이미 한성은 일본군이 장악하고 있었다. 2월 23일 일본은 대한제국에 한일의정서를 강요했다. 사실상 대한제국의 주권을 부정했던 한일의정서 4조는 경의철도를 일본군의 군용철도로 부설하기 위한 조항이었다.

제4조

제3국의 침략이나 내란으로 인해 대한제국 황실의 안녕과 영토 보전에

1905년 10월 경의철도 평양역
- 출처: 국토교통부 외, 『2019 사진으로 보는 新한국철도사』, 2019, 26쪽(한국철도공사 제공)

위험이 있을 경우, 대일본제국 정부는 속히 정황에 따라 필요한 조치를 취할 수 있다. 그러나 대한제국 정부는 앞에 말한 대일본제국의 행동이 용이하도록 충분히 편의를 제공한다. 대일본제국 정부는 전항(前項)의 목적을 이루기 위해 군사 전략상 필요한 지점을 정황에 따라 빌릴 수 있다 [차지(借地)].

사실상 일본군이 전쟁 수행에 필요하다고 판단하면 한국의 영토와 시설을 자의적으로 사용할 수 있게 되었다. 4일 후 일본공사는 한국 정부에 경의철도를 속성 건설해 일본군 수송을 원활히 할 수 있도록 부설권을 넘기라고 통고(2월 27일)했다. 앞서 맺었던 경의철도차관계약은 이제 일본

1927년 촬영한 경의선 청천강 교량
- 출처: 국토교통부 외, 『2019 사진으로 보는 新한국철도사』, 2019, 32~33쪽(『사진으로 보는 해방 이전의 철도역사』 수록)

에 거추장스러운 절차였으므로 파기(3월 12일)되었다. 나아가 한국 정부에 마산-삼랑진 구간의 철도 부설도 군용철도로 부설한다고 통보(9월 14일)했다. 마산은 한국과 일본을 연결하는 요충지로 일본이 진해와 더불어 한반도 남부 해안에서 군사적으로 중시했던 항구였다.

결국 러일전쟁을 핑계로 맺은 한일의정서는 늦게나마 철도 권익을 지키고자 했던 한국 정부의 의지를 단번에 무력화시켰다. 군용철도로 속성 건설된 경의철도는 이듬해인 1905년 평양-신의주 구간의 운행이 시작되었고, 대동강 철교가 만들어진 후 4월 28일에 용산에서 신의주까지 전체가 개통되었다. 그야말로 군사작전처럼 진행된 속성 공사였다. 강제로 철도 부설에 동원된 한국인들에 가해진 노동강도는 상상을 초월했다. 전시 상황이라는 핑계로 저항하는 노동자들을 즉결 처형하기도 했다. 강제병합 이후인 1910년대에 자행되었던 부역 동원보다도 가혹한 탄압이었다. 일본에게 러일전쟁은 배상금도 받지 못한 상처뿐인 승리였으나 경의철도라는 전리품이 존재했다.

7
남북을 빠르게 연결하라! 종관노선 위주의 철도망 구축

1910년 8월 한국이 일본에 강제병합된 이후에도 한반도 철도망 구축은 중단되지 않았다. 다음 두 지도는 일본 육군참모본부가 1909년 9월과 1911년 5월에 작성한 것으로 일본 육군 입장에서 향후 조선과 만주에 부설할 필요가 있는 철도 노선이 그려져 있다. 이 지도들은 참모본부가 작성해 당시 일본 육군대신(장관에 해당)이자 조선총독이었던 데라우치 마사타케[寺内正毅]에게 제출된 것으로 일본 육군의 구상을 확인할 수 있다.

1909년 의견서에서는 한국 종관철도와 만주의 안봉철도(安奉鐵道)를 연결하는 것을 핵심으로 하고, 경원선과 함경선, 평원선 등을 추가로 부설할 것을 제시했다. 1911년 철도경영방책도 이미 착공에 들어간 경원선을 제외하고, 한반도 북부에서 중부 만주로 향하는 노선(함흥-장진)이 추가된 것 외에는 지도에서 보이는 것처럼 유사한 형태를 보였다. 핵심은 이미 개통된 경부선, 경의선을 포함해 한반도를 거쳐 만주로 향하는 노

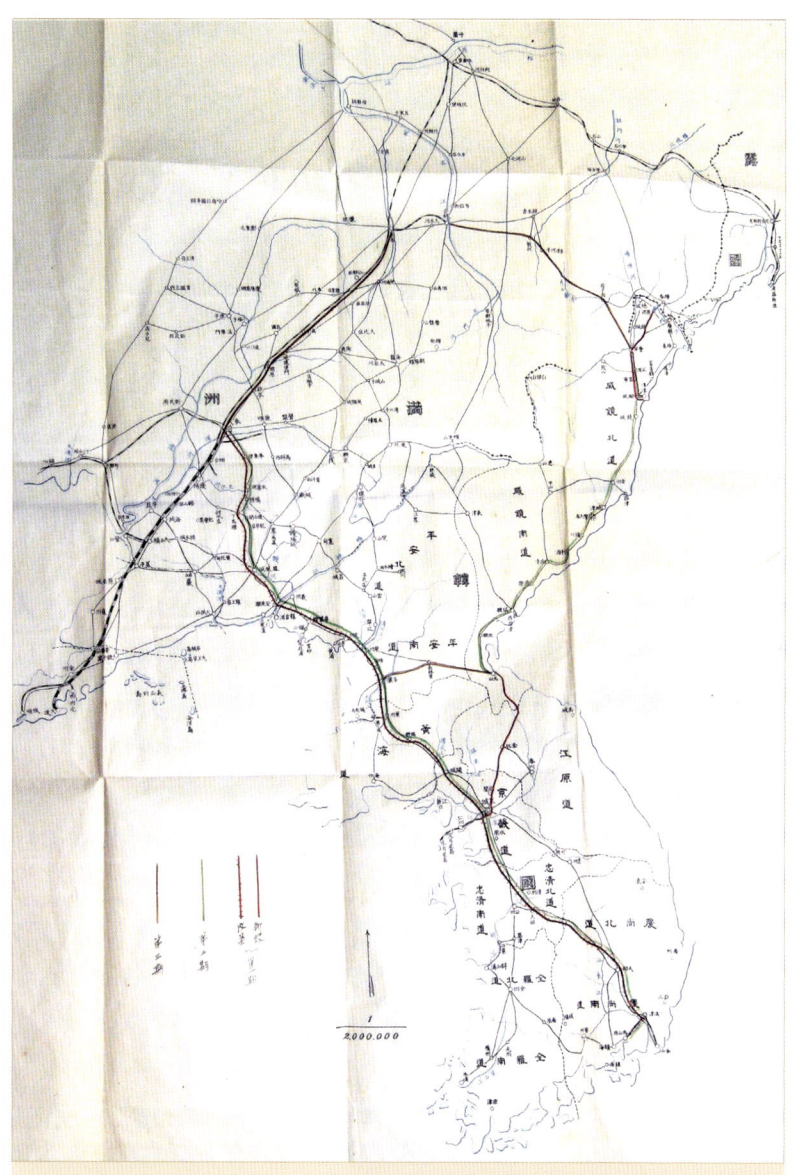

1909년 9월 21일 일본 육군참모본부가 작성한 만한철도 경영에 관한 의견서
- 출처:「滿韓鐵道經營ニ關スル意見書」, 防衛省防衛研究所所藏 文庫-宮崎-41

1911년 5월 일본 육군참모본부가 작성한 조선·만주 철도경영방책
- 출처:「朝鮮·滿州ニ於ケル鐵道經營方策」, 防衛省防衛研究所所藏 文庫-宮崎-49

1911년 11월 개통된 압록강 철교 전경. 1930년 촬영된 것으로 압록강 철교는 큰 배가 지나갈 수 있게 다리 상판 일부가 90도로 회전하도록 만들어졌다

- 출처: 朝鮮總督府 鐵道局, 『朝鮮之風光』, 1930

선 연결과 추가 부설이었다.

그리고 강제병합 이후 실제로 식민지 조선에서 진행된 철도 부설은 일본 육군참모본부가 제출한 이 두 지도상의 계획을 대부분 따라갔다. 먼저 1909년 8월 착공했던 압록강 철교 공사가 1911년 10월에 완공되었다. 압록강 철교는 신의주-안둥(安東: 현재의 단둥) 구간으로 경의철도와 안봉철도를 연결했다. 1911년 말에는 경의철도 개량공사와 안봉철도 표준궤 개축공사도 완료되어 한국의 종관 간선 노선이 만주 지역 철도와 연결되었다. 이에 대해 데라우치 총독은 야마가타 아리토모[山縣有朋]에게 보낸 전보에서 "몇 번이고 (이 다리를) 건너갔던 무사의 유품으로 보이기도 하도다. 익숙한 다리"라며 철교 완성의 기쁨을 일본 전통시로 표현했다. 철

1912년 4월 한탄강 교량 시운전

- 출처: 朝鮮總督府 鐵道局, 『京元線寫眞帖』, 1914

1914년 경원선 청량리역 전경

- 출처: 朝鮮總督府 鐵道局, 『京元線寫眞帖』, 1914

1924년 경원선 평강역

- 출처: 南滿洲鐵道株式會社 京城管理局, 『朝鮮鐵道旅行案內』, 1924

도 부설을 통해 조선과 만주를 연결하는 것을 일본 군부가 얼마나 열망했는지 알 수 있는 장면이다.

1909년 의견서의 1기 노선이었던 경원선도 1903년 이후 일본이 부설권을 장악한 후 일본의 의도대로 부설되었다. 경원선은 한반도 서해안과 동해안을 서북으로 횡단해 한성과 원산을 잇는 간선철도였다. 일본은 경의선과 마찬가지로 경원선에 대해서도 러일전쟁을 빌미로 한 군용철도로 부설하겠다고 선언했다. 그러나 경의선과 달리 경원선은 한강 대홍수와 외국인 소유 토지 매수 곤란 등으로 중단되었다가 강제병합 이후 부설이 재개되었다.

1910년 3월 원산, 4월 용산에서 각각 측량을 시작한 후 10월에 기공식이 열렸다. 1911년 10월 용산-의정부 구간(31.2km)이 처음 개통되었고,

1913년 호남선 개통 당시 군산역
- 출처: 국토교통부 외, 『2019 사진으로 보는 新한국철도사』, 2019, 43쪽(『한국철도80년약사』 수록)

1914년 8월 세포-고산 구간(26.1km) 개통으로 전 구간(222.7km)이 개통되어 같은 해 9월 16일 원산에서 전통식이 열렸다. 용산-의정부-철원-평강-삼방관-석왕사-원산을 잇는 구간이었다.

호남선은 경의선과 함께 한국의 철도 자력 건설 운동이 가장 활발히 전개되었던 노선이다. 그러나 강제병합을 전후해 호남선을 건설할 수 있는 권한도 일본과 통감부가 장악하기에 이르렀다. 통감부에 호남선 건설 권한을 빼앗기기 전 한국 정부가 호남철도회사에 허가했던 구간은 직산-강경-군산 구간과 공주-목포 구간이었다. 그러나 일제는 1910년 5월 호남선 구간을 경부선 대전에서 분기하는 구간으로 새롭게 설정했다. 이때 선정한 호남선 본선은 대전-가수원-두계-논산-강경-이리-김제-광주-송정리-영산포-목포 구간으로 총 261.3km였으며, 지선은 24.8km로

1919년경 함경선 나남역

– 출처: 森尾人志 編, 『朝鮮の鐵道陣營』, 1936

1924년 함경선 청진역

– 출처: 南滿洲鐵道株式會社 京城管理局, 『朝鮮鐵道旅行案內』, 1924

이리-군산 구간이었다. 대전을 매개로 경부선과 연결된 호남선은 전라도 일대의 풍부한 쌀을 일본으로 이출하는 주요 교통로가 되었다.

호남선과 경원선의 완공으로 일제는 한반도를 'Ｙ'형으로 종관하는 4개 간선철도망 건설을 마무리했다. 19세기 말부터 이어 오던 일제의 대륙 침

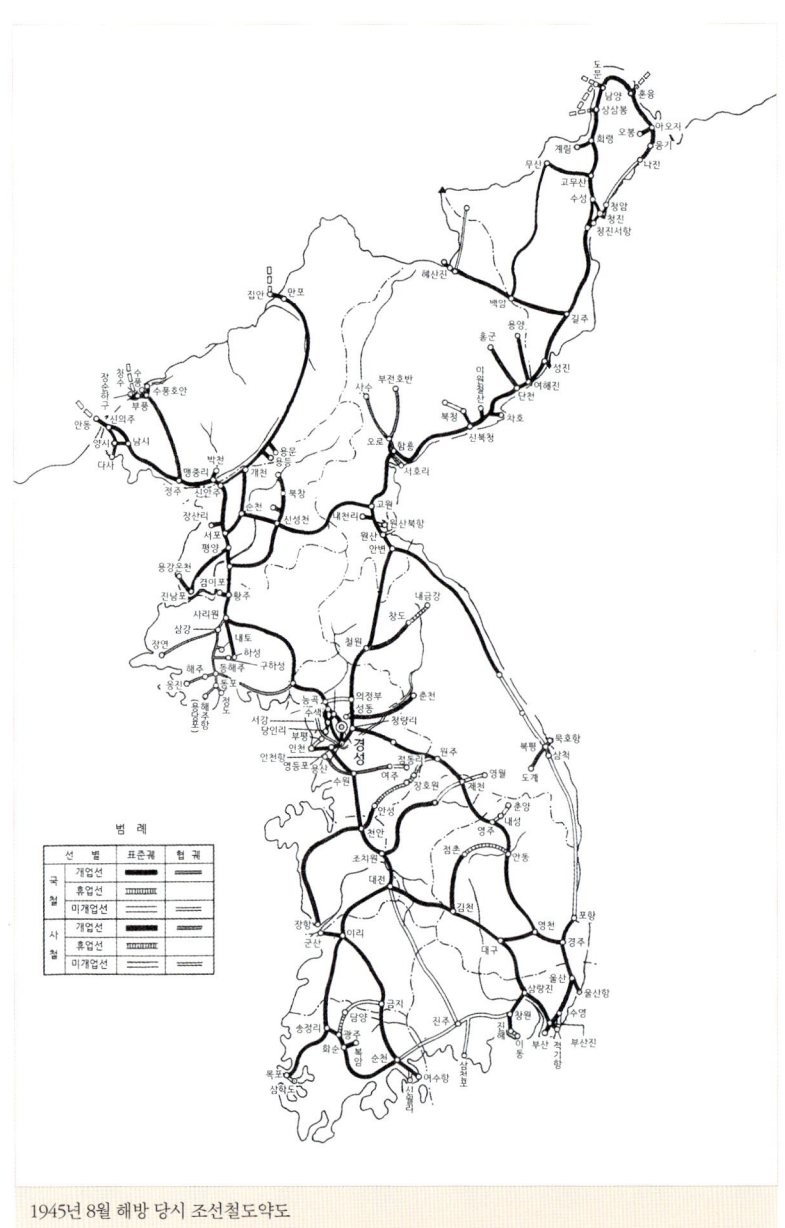

1945년 8월 해방 당시 조선철도약도

- 출처: 財團法人 鮮交會, 『朝鮮交通史 一: 本卷』, 三信圖書有限會社, 1986, 3쪽을 필자가 재구성

략 구상의 시작을 알리는 사건이었다. 조선총독부는 이를 기념해 1915년 10월 4일 경복궁 근정전에서 '조선철도 1천마일(鮮鐵 1千哩) 축하연'을 개최했다. 철도를 매개로 1910년대 후반까지 이어지는 일본과 조선총독부의 대륙 침략 시도의 시발점이 되는 행사였다.

조선총독부는 경원선과 호남선이 완공되자 곧바로 함경선(원산-회령, 626.5km) 건설에 착수했다. 일본은 이미 청일전쟁기(1894~1895)부터 대륙 침략론자들을 중심으로 함경선 부설을 논의했지만, 본격적인 현안으로 등장한 것은 러일전쟁 전후였다. 일본은 전쟁 중이던 1905년에 청진-회령, 청진-나남, 서호진-함흥에 600mm 협궤궤간의 경편철도를 부설해 병참 수송에 이용한 바 있었다. 조선총독부는 러일전쟁이 끝난 후 이 노선을 민간에 불하해 운영토록 하다가 경원선 완공과 때를 맞춰 함경선으로의 확장 건설을 결정했다. 1914년 6월에 청진건설사무소를 설치하고, 같은 해 10월 함경선 남쪽 구간인 원산-문천 구간과 북쪽 구간인 청진-수성-회령에서 각기 공사에 착수했다. 함경선으로 선정된 노선은 함경남북도 해안을 따라 북상하는 원산-영흥-함흥-북청-성진-나남-청진-길주-회령이었다. 함경선 공사는 난공사가 많았고, 제1차 세계대전 이후 일본에서 발생한 공황의 영향으로 계속 미뤄져 1928년 9월 1일에야 완공되었다. 함경선이 완공됨으로써 한반도를 대각선으로 종관하는 소위 5대 간선철도망이 완전한 모습을 갖추게 되었다. 이들 철도는 이 시기에 대대적으로 확충된 진남포, 인천, 군산, 목포, 마산, 부산, 원산 등의 종단역 항구를 통해 일본과 직접 연결되었다.

8

만주 침략이라는 야욕,
㈜남만주철도의 한반도철도 위탁 경영

　일본의 만주 침략 열망은 상처뿐인 승리였지만 러일전쟁을 거친 뒤 본격화했다. 일본은 1905년 러일전쟁 승리 후 포츠머스 조약과 '만주에 관한 청일협약'에 따라 러시아로부터 랴오둥반도 남단(뤼순, 다롄 및 주변 지역) 조차권, 동청철도 남만주 지선(창춘-뤼순)과 부속 탄광을 양도받았다. 그리고 부속 협정을 통해 철도 수비병 주둔, 군용철도인 안봉철도 개축 허가, 길장철도(지린-창춘) 부설권, 일본의 이권을 침해하는 외국인 철도 부설 금지 등 이권까지 챙겼다.
　만주 침략 열망의 최전선에는 일본 육군이 있었다. 일본 육군은 만주 전체를 식민지로 만들겠다는 야욕 아래 양도받은 랴오둥반도 남단을 관동주로 개칭하고 1905년 9월 관동총독부를 설치했다. 하지만 이러한 시도는 중국을 직접 지배하기보다는 철도를 통한 나눠먹기식 권역 지배로 '균형'을 추구했던 서구열강을 자극했다.

국제정세에 민감했던 일본의 외교 라인은 이를 반대했다. 당시 한국통감이었던 이토 히로부미[伊藤博文]나 외무대신 가토 다카아키[加藤高明]는 다롄 등 랴오둥반도 남단의 항구를 개방하는 조건으로 러일전쟁 때 영국과 미국의 지원을 받았으며, 여전히 금융 지원을 받아야 하는 일본이 만주에서 군사적 행동을 벌이면 세력 확대로 비칠 수 있어 보복을 받을 수 있다고 지적했다. 일본 육군은 저항했지만 결국 이들의 주장이 수용되어 1905년 9월 1일 군정기구인 관동총독부가 폐지되고 민정기구인 관동도독부가 설치되었다.

그러나 민정기구인 관동도독부의 도독은 육군대장이나 중장이 맡았기 때문에 일본 육군의 영향력은 여전했다. 특히 만주 침략 정책을 주도했던

1930년 겨울 압록강 철교

- 출처: 仲摩照久 編, 『日本地理風俗大系』, 1930

고다마 겐타로[児玉源太郞]의 측근인 고토 신페이[後藤新平] 등이 앞장서 ㈜남만주철도(이하 만철)라는 반관반민 형태의 철도회사가 만들어졌다. 만철은 1906년 11월 26일 자본금 2억 엔으로 설치되었는데 실질적으로는 일본 육군이 경영을 좌우하는 소위 국책회사였다. 일본 육군은 관동총독부 설치가 좌절된 후 만철을 매개로 만주 침략을 실현하겠다는 의지를 불태웠다. 그 수단은 역시 철도였다.

만철은 1907년부터 만주 지역 철도망 정비에 나섰다. 이때 안봉선은 1909년에 표준궤로 개축되었는데, 한반도 철도와 연결하기 위한 사전 정지작업이었다. 앞서 살펴보았듯이 1911년 11월 1일 압록강 철교가 개통되자 만주의 안봉선과 한반도의 경의선이 연결되었다.

한반도와 만주가 철도로 연결되자 조선총독이자 육군의 리더였던 데라우치 마사타케는 철도를 통한 대륙 침략을 구체적으로 모색하며 '만선철도합동론'을 주장했다. 이는 일본이 만주를 독점적으로 지배하지 못한 상황에서 만철이 식민지 조선의 철도까지 병합해 통합 운영하는 것을 의

1917년 8월 3일 선만철도 통일 기념

- 출처: 『매일신보』

미했다. 한반도의 종관 철도망을 대륙 침략을 위한 중추 경유지로 설정한 일본 육군은 만철이 만주뿐만 아니라 조선의 철도망까지 통합해 운영해야 한다고 생각했다. 1916년 10월 데라우치가 일본 총리로 취임하자 이런 구상은 정책으로 굳어졌다.

일본 정부는 처음에 만철을 국유화하여 조선철도와 통합하는 방안과 아예 식민지 조선과 만주를 행정적으로 통일해 조선총독이 관동도독까지 겸임해 조선철도와 만주철도를 일체화시키는 방안을 구상했다. 그러나 두 방안 모두 국제관계상 심각한 분란을 야기할지 모른다는 외무성의 반대에 부딪혔다. 결국 조선철도를 만철이 위탁받아 경영하는 방안이 모색되었다. 이에 따라 1917년 7월 31일 조선총독부 철도국과 남만주철도주식회사 사이에 국유조선철도위탁계약이 맺어져 8월 1일부터 조선철도의 만철 위탁 경영이 시작되었다.

국유조선철도위탁계약은 형식상으로 만철이 우위인 것처럼 보이지만 실제로는 조선총독부가 지휘·감독하고, 만철은 운수 영업과 건설 공사만 담당하며, 이익금 대부분은 조선총독부에 납부해야 했다. 실제로 만철은 위탁 기간 동안 수익금

1925년 4월 1일 조선철도의 조선총독부 직영이 확정되자 철도국 간판을 고치는 모습
- 출처: 『매일신보』

(38,421,000엔) 대부분과 별도 금액(2,297,000엔)을 조선총독부에 납부했다.

일본 군부 중심으로 추진된 조선철도의 만철 위탁 경영은 양측의 불만을 야기했다. 만철은 납부금액이 너무 많은 것이, 조선총독부는 조선과 만주가 통치권을 달리하는 데다가 한반도 내 철도와 일반 산업행정의 협조가 어렵다는 것이 불만이었다. 더불어 만철의 납부금액률이 저하함에 따라 공채 이자 지불이 어렵게 될 것이라는 우려도 조선총독부 내에 작용하고 있었다. 때문에 본 계약이 그대로 적용된 것은 1917년과 1921년뿐이며, 나머지 기간은 조약을 개정해 임기응변식으로 운영되었다.

결국 일본 정부는 1925년 3월 31일부로 위탁 경영을 해제하고, 4월 1일부터 조선총독부가 조선철도를 직영하도록 조치했다. 조선철도 경영이 만철에 위탁되었다가 다시 조선총독부 직영으로 환원되는 과정은 제1차 세계대전까지 일본 군부에 팽배했던 대륙 침략 정책을 상징적으로 보여준다.

9
철도의 보완재이자 일본 군부의 입김, 1910년대 도로 건설

근대적 육상교통은 철도만 말하는 것이 아니다. 자동차가 다닐 수 있도록 개수된 도로도 이에 포함된다. 한반도의 도로 개수는 근대화의 물결 속에서 일본의 요구로 시작되었다. 철도와 마찬가지로 도로 개수도 강제병합 이전부터 진행되었다. 일본은 청일전쟁과 러일전쟁에 필요하다는 구실로 한성에서 의주, 인천, 원산 등으로 차량이 통행힐 수 있는 도로를 건설했다.

일본은 1906년 2월 통감부를 설치하고, 4월에 한국 정부 내부(內部)에 치도국(治道局)을 설치했다. 통감부는 1907년 5월부터 7개년 사업으로 제1기 도로 개수공사에 착수했는데, 그 재원인 149만 엔은 기업자금(起業資金)이라는 명목으로 일본흥업은행으로부터 들여온 차관(借款), 즉 부채였다. 식민지배에 필요한 교통망 장악의 시작이었다. 이때 선정된 노선은 진남포-평양, 광주-목포, 전주-군산, 대구-경주 구간 등 약 256.3km였다. 해당 도로는 1909년을 전후해 완성되었는데 후에 4대 도로 혹은 '신작로'라 불리는 한국 최초의 근대적 도로였다.

통감부는 이어서 1908년 5월부터 제2기 도로 개수공사를 시행했다. 7개 노선으로 소정리-공주, 수원-이천, 해주-용당포, 황주-황주정거장, 신안주-영변, 신의주-마전동, 신마산-진주 구간 약 197.62km였다. 1908년부터는 해남-하동, 벌교-해창, 청진-경성(鏡城) 등 3개 노선 약 188.5km의 공사도 새롭게 착수했다. 1910년부터는 진남포-광양만, 경주-포항, 함흥-서호진 등 11개 노선 168km의 개수공사계획도 준비했지만 8월 강제병합에 따라 8개 노선만 기공했다가 중지되었다. 이로써 통감부가 1907년부터 1910년까지 진행했던 도로 건설은 총 22개 노선, 3개 시가지 도로 등 약 817.5km, 공비 396만 엔에 이르렀다. 〈표 1〉을 통해 통감부 시기의 도로 건설 양상을 확인할 수 있다.

〈표 1〉 통감부 시기 도로 개수 현황

노선명	구간	등급	거리(km)	노폭(m)
대구-경주	대구-경주	2	71.0	5.9
전주-군산	전주-군산	1	46.5	7.0
한성-목포	광주-목포	1	87.0	5.9
한성-목포	소정리-공주	1	34.6	5.0
평양-진남포	평양-진남포	1	51.5	7.0
수원-강릉	수원-이천	2	50.2	5.0
해주-용당포	해주-용당포	2	6.2	5.0
황주정거장	정거장	2	3.1	5.0
신안주-영변	신안주-영변	2	31.3	5.0
의주-용암포	마전동-용암포	2	1.4	5.0

진남포-광량만	진남포-광량만	2	14.0	5.0
청진-경성(鏡城)	청진-경성	1	21.3	3.9
마산-우수영	신마산-진주	2	70.9	5.0
마산-우수영	해남 하동	2	164.1	3.9
경주-양양	경주-포항	2	30.0	3.9
해주-봉산	사리원-재령	2	18.9	5.4
천안-홍주	천안-온양	2	14.8	5.4
공주-충주	조치원-청주	2	18.1	4.5
한성-부산	대구-칠곡	1	4.4	7.2
원산-회령	무산령	1	7.0	5.0
함흥-서호진	함풍-서호진	2	14.6	5.4
영흥-류도	영흥-류도	2	20.8	4.5
원산-회령	함관령, 마천령, 마운령, 남갈령	1	15.7	4.5
전주-여수	전주 부근	2	9.8	7.2
대구시가			2.6	5.4
인천시가			0.5	5.4
한성시가			3.9	7.2
해창-벌교			3.5	3.9

출처: 조선총독부, 『조선도독사업지』, 1928, 93~95쪽(조병로, 「일제 식민지 시기의 도로교통에 대한 연구(Ⅰ)」, 『한국민족운동사연구』 59, 2009, 13쪽에서 재인용).

 이 시기 건설된 도로망은 자원 개발에 치중하고 있다는 점과 개항지와 철도역을 기점으로 한 단거리 지선 구간 위주의 노선이라는 점이 특징이다. 아직 일본이 조선의 행정 권력을 완전히 장악하지 않은 상황이었기 때문에 종합적 계획을 바탕으로 한 도로망 건설은 아니었다고 볼 수 있다.
 1910년 8월 강제병합 이후 조선총독부가 설치되자 도로망 건설이 본격적으로 시행되었다. 조선총독부는 토목 회의를 거쳐 연구·심의를 마친 후 도로망을 확정하고 1911년 4월 11일 도로 규칙(부령 제51호)과 도로 수축 표준(훈령 제37호)을 제정하고 도로 건설 방침을 정했다. 데라우치 마사타케 총독은 '교통기관 정비는 조선 개발상 급무'라고 보고, '각 도에서 가장 중요한 도로 수축(修築)을 선행하고, 점차 크고 작은 도로를 완성할' 계획이라고 밝혔다.

강제병합 이후 조선총독부가 시행한 도로 건설의 특징을 파악하기 위해서는 도로 규칙 등 법령의 성격부터 파악할 필요가 있다. 이를 위해서는 식민본국인 일본과의 비교가 필수적이다.

첫 번째, 도로 종류와 폭이 일본과 차이가 있었다. 일본에서는 도로를 국도(國道), 현도(縣道), 이도(里道) 등 3종류로 나누고, 도로 폭은 국도가 4간(間, 약 7.28m) 이상, 현도는 4간 내지 5간, 이도는 '일정한 길이를 요하지 않'았다. 이에 비해 조선에서는 1등, 2등, 3등, 등외 도로 등 4종류로 나누고, 도로 폭은 각각 4간 이상, 3간 이상, 2간 이상, '지정하지 않음'으로 나누어 일본보다 세분하였다.

두 번째, 군사적인 면에서 큰 차이가 있다. 일본 국도는 도쿄에서 친다이[鎭台, 육군 사단]에 이르는 도로, 각 친다이를 연결하는 도로, 도쿄에서 진수부(鎭守府)에 이르는 도로, 진수부와 친다이를 연결하는 도로 등 4종류였다. 이에 비해 조선은 한성에서 사단사령부, 여단사령부, 요새사령부, 진수부, 요항부 등을 연결하는 도로 등 5종류에다가 일본 법령에는 없는 '군사상 중요한 도로'라는 추상적인 조목까지 포함하여 어느 곳이든 군사상 중요하다고 지목하면 부지로 내놓아야 하는 폭력적인 법 집행을 예고한 것이다. 조선의 도로 규칙이 일본에 비해 군사적 목적을 크게 반영했다고 볼 수 있다.

왜 이렇게 폭력적인 조항이 추가되었을까?

그 배경에는 일본 육군성의 불만이 있었다. 대한제국 시기 도로 건설은 일본 내무성 주도하에 진행되었다. 그러다 보니 장기적으로 식민지 수탈에 쉬운 노선, 즉 경제적 목적에 부합하는 노선을 우선 건설하려는 경향이 강했다. 육군성은 조선의 도로가 군사적 목적에 적합하지 않다는 불만을 강하게 제기하며, 1910년 4월 통감부에 도로 종류와 폭을 군용 차량 통행에 지장이 없도록 축조할 것을 요구했다. 당시 일본 육군은 러일전쟁에서 승리한 기세를 몰아 중국까지 침략할 야욕을 드러내고 있었다. 그들은 통감부와 곧 세워질 조선총독부까지 장악하고 있었기 때문에 이러한 요구가 반영될 수 있었던 것으로 보인다.

조선총독부는 도로 규칙을 기반으로 1911년 8월부터 5개년 계획(후에 7개년 계획으로 변경)으로 '제1기 치도공사'에 착수했다. 예산은 1천만 엔으로 대상이 된 도로는 같은 해 7월 총독부가 정한 '1등 및 2등 도로표'(89노선) 중 선정된 1등 도로 및 2등 도로 23선이었다. 이후 일부 노선의 추가와 삭감이 이루어져 최종 36개 노선 총 2,690.2km에 시행되었다. 〈표 2〉를 통해 제1기 치도공사의 대상을 확인할 수 있다.

〈표 2〉 제1기 치도공사(1911~1917) 도로 건설 현황

노선명	구간	등급	거리(km)
경성-부산	경성-이천	1	49.0
경성-부산	이천-장호원	1	29.4
경성-부산	장호원-충주	1	35.3
경성-부산	충주-상주	1	88.3

경성-부산	상주-대구	1	70.6
경성-목포	수원-소정리	1	12.9
경성-목포	공주-논산	1	39.2
경성-목포	논산-전주	1	8.6
경성-원산	경성-원산	1	223.8
평양-원산	평양-원산	1	216.0
원산-회령	청진-회령	1	92.2
원산-회령	성진-북청	1	55.7
원산-회령	성진-길주	1	39.2
회령-행령	회령-행령	1	25.5
행령-온성	행령-온성	1	45.1
수성-경흥	웅기-경흥	1	35.3
경성-오리진	경성-충천	2	86.4
경성-강릉	이천-강릉	2	190.4
공주-충주	청주-음성	2	47.1
공주-충주	공주-조치원	2	25.5
공주-충주	충주-음성	2	25.5
천안-홍성	천안-홍성	2	62.8
전주-여수	순천-전주	2	125.6
진주-상주	진주-상주	2	172.8
마산-우수영	하동-원전	2	27.4
해주-진남포	해주-재령	2	60.8
안주-부산동	안주-강계	2	242.7
맹중리-운산	맹중리-운산	2	23.5
원산-양양	원산-장전	2	106.0
신포-혜산진	신포-혜산진	2	212.0
성진-혜산진	성진-갑산	2	66.7

성진-혜산진	성진-무산	2	90.3
무산-청진	향용-경흥	2	25.5
경성시가			
부산시가			
한강교			

출처: 조선총독부, 『조선토목사업지』, 1928, 112~114쪽(조병로, 「일제 식민지 시기의 도로교통에 대한 연구(Ⅰ)」, 『한국민족운동사연구』 59, 2009, 23~24쪽에서 재인용).

제1기 치도공사 대상이 된 도로의 특징을 살펴보자. 먼저 도로와 철도의 관계를 보면 경부선의 수원-논산 간을 제외하고, 철도 노선과 경합하지 않는 노선이 대부분이다. 조선총독부는 철도와 도로의 조합에서 상호 보완적인 역할을 기대했다.

둘째, 한반도를 횡단하는 도로가 3단계에 걸쳐 건설되었다. 북부에 진남포-평양-원산, 중부에 수원-인천-원주-강릉, 최남단에 해남-순천-마산이었다. 조선총독부는 철도를 중심으로 한 종관노선 구축을 핵심으로 하면서 상대적으로 부실했던 횡단선 구축을 도로를 통해 보충하려 했다.

셋째, 함경도 지역에서는 중국·러시아 국경의 도시(경흥, 온성, 회령, 무산, 혜산진, 만포진)까지 도로를 연결했다. 이 지역은 아직 철도가 부설되지 않은 곳으로 경원선과 국경을 연결하는 역할을 도로가 맡았다. 이는 도로를 통해 청진, 성진 등의 함경북도 항만 지역을 함경남도 내륙과 경원선에 연결하고, 일본 육군의 숙원이었던 만주 침략의 통로로 활용하려는 의도로 해석할 수 있다.

10
'조선철도12년계획'은 왜 만들어졌고, 어떻게 진행되었나?

 1925년 4월 이후 조선총독부가 조선의 철도망을 다시 직영하게 되자, 조선총독부와 철도업계에서 철도망 확장 움직임이 활발하게 일어났다. 우선 조선총독부 철도국 초대 국장으로 취임한 오무라 다쿠이치[大村卓一]와 1925년 6월 부임한 정무총감 시모오카 주지[下岡忠治]는 새로운 노선을 건설하기 위해 철도망 조사에 착수했다. 오무라는 석탄, 목재, 수력전기, 경작지 등이 한반도 북부지방과 만주 국경지대를 포괄하는 철도와 항만 등 교통시설을 갖춰야 한다고 강조했다. 이에 따라 '조선철도12년계획'에 한반도 북부의 철도 노선 신설안이 포함되었다.

 철도업계에서도 조선총독부의 움직임에 동조했다. 일본 내 철도업자 단체인 제국철도협회는 1924년 '조선철도망조사위원회'를 조직해 조선철도망 경영 개선 및 보급 증대에 관한 조사에 착수하고, 1년 뒤 '조선철도에 관한 조사위원회 결의'를 정리했다. 주요 내용은 우량 사설철도 매수 및 '국유화', 18년간 총 4억 8,560만 9천 엔 투입해 21개 노선(총 거리 약 3,496km) 건설, 중추 간선 복선화, 사설철도 보조율 연 10% 인상 등이었다. 사설철도회사 관계자들로 구성된 단체가 제출한 결의안이어서 사설철도 자본의 고수익 보장과 관련된 내용이 강조되었다.

한반도에 거주하는 일본인 상공업자들도 철도망 확충을 자신들의 상업 기반 확대의 필수 요소로 여겼다. 이들을 대표한 조선상업회의소는 조선철도의 직영 환원 직후 조선총독부에 식민지 개발에 필수적인 중장기 철도 부설 계획을 요청함과 동시에 자체적으로 '철도부설10개년계획안'을 수립하고 자금 모집에 나섰다. 또 조선 내 일본인 철도업자로 구성된 조선철도협회와 공동으로 '조선철도의 보급 촉진에 관한 건의안'을 일본제국의회에 제출했다. 이처럼 식민지 조선에 대한 철도망 확충은 한반도 개발을 통한 이윤 확보를 기도했던 이해당사자들의 공통된 요구사항이었다.

그러나 막대한 자본이 필요한 철도 부설은 이해당사자들이 모두 동의한다고 해서 바로 시행될 수 있는 것이 아니었다. 핵심은 자금 조달이었다. 지금도 다르지 않지만 일제시기 철도 건설 및 개량비는 모두 사업공채 발행을 통해 조달했다. 사업공채란 쉽게 말해 정부가 사업을 하기 위해 빚을 지는 것이다. 매년 거두는 조세 수입으로는 대규모 자금이 들어가는 기간산업 육성이 불가능하므로 국내나 국외에 공채를 발행해 자금을 모아 해당 사업에 투자한 뒤 해당 사업에서 발생하는 수입이나 조세 수입 등으로 원리금을 갚는 방식이 일반적이다. 이를 두고 흔히 미래의 조세 수입을 미리 취한다고 하며, 자본주의 초기 서유럽 국가 대부분이 공채 발행을 통해 철도 등의 인프라를 육성했다.

그런데 식민지였던 조선에서 사용될 사업공채의 발행, 인수, 상환 등에 관한 모든 권한은 일본 대장성(현재의 재무성)이 가지고 있었다. 대장성은 조선의 상황만을 판단해 공채 발행을 허가하지 않았다. 식민본국인 일본, 다른 식민지였던 대만 등에 발행할 공채까지 계산해 공채 발행액을 산정했다. 이는 개발의 성격, 목표 등이 일본의 제국주의 정책에 좌우될 수밖에 없었음을 방증한다.

1925년 이후 추진된 조선의 철도망 확충도 궤를 같이한다. 1910년대 조선에 발행되었던 사업공채는 철도·도로·항만을 건설하는 비용에만 집중되다가, 1919년 이후 염전 축조, 연초 전매 보조, 병원 신축, 사방공사, 경찰관서 신축, 감옥 확장 등으로 대폭 확대되었다. 3·1운동으로 폭발한 민심을 무마하는 방편이기도 했으며, 제1차 세계대전으로 맞이한 일본 경제의 호황 때문이기도 했다. 그러나 1차대전이 끝나면서 도래한 전후 공황에 이어, 1923년에 관동대지진까지 발생하면서 일본 경제가 추락했다. 식민지 경제도 직접 영향을 받을 수밖에 없었다. 확대되었던 조선에서의 사업공채 발행 계획은 연기되거나 폐지되는 수순을 밟았다.

그러자 조선총독부와 조선 내 자본가들은 반발했다. 이들은 사업공채 발행을 통해 만들어질 철도, 항만 등의 인프라를 통해 직접 이득을 볼 수 있는 세력이었다. 반발이 나오는 것은 당연했다. 하지만 대장성은 꿈적하지 않았다. 그들에게 1920년대 중반 현재 가장 중요한 것은 도쿄를 중심으로 한 일본 내 재해복구와 경제 재건이었다. 식민지로의 재정 투자는 관심에서 밀려났다. 식민지 공채 발행 홀대론이 대두될 정도였다.

식민지에서는 무소불위의 권력이지만 조선총독부도 예산 문제에서는 일본 정부 대장성을 넘어서기가 쉽지 않았다. 이것이 제국주의 시대 식민

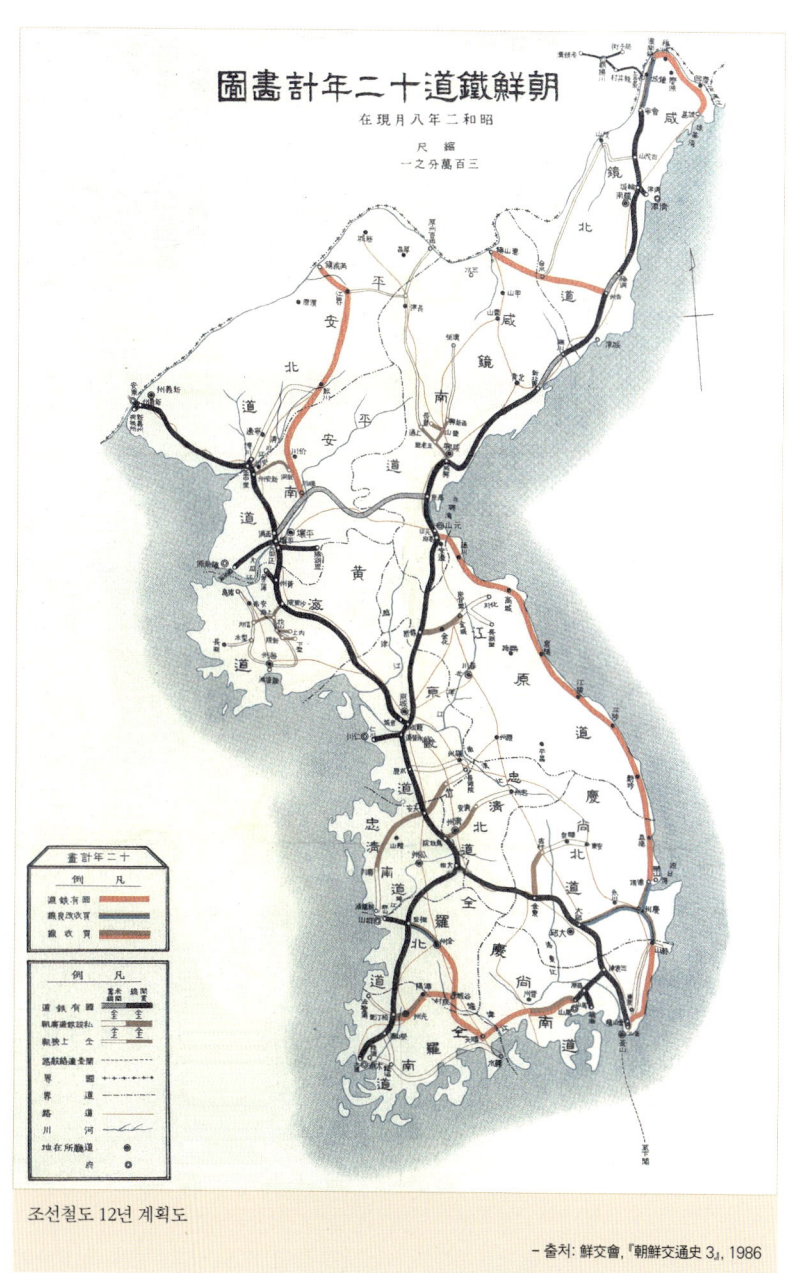

조선철도 12년 계획도

지 경제의 실상이었다. 이런 상황에서 식민지에 이해관계를 가진 사람들이 할 수 있는 것은 대장성도 만족할 수 있는 타협안을 만드는 것이었다. 즉, 대장성이 원하는 사업에 공채 발행을 한정하는 것이었다.

그렇다면 식민지 조선에 공채로 자금을 조달하고자 했던 사업 중 대장성이 원했던 사업은 무엇이었을까? 제국주의 국가가 식민지배를 하는 데 필수적일 뿐 아니라 중국과의 연결성을 언제나 고려했던 일본이 가장 중요하게 생각했던 사업, 바로 철도 부설이었다.

실제로 1927~1932년까지 조선에 발행된 사업공채는 100% 철도 부설에만 조달되었다. 경원선, 호남선, 함경선 등 주요 간선 부설에 힘썼던 1910년대에도 없던 일이었다. 이를 위해 1925년 대홍수 이후 중요성이 커졌던 사방사업이나 도로 부설, 의원 신축 등에 필요한 자금은 일제시기 내내 적자였던 조선 내 조세 수입으로 전가되거나, 사업이 아예 중단돼 버렸다. 이에 관해서는 이후 도로 건설 과정을 다루면서 다시 언급하도록 하겠다.

이러한 재원 조달의 변화 과정을 거치며 철도사업은 1927년부터 '조선철도12년계획'(이하 '12년계획')이라는 결과물을 얻게 되었다. '12년계획'은 1927년부터 12년간 총 3억 2천만 엔을 투입해 5개 신규 국철 노선 약 1,700km 부설과 약 336km 사설철도 5개 선 매수, 궤간 개축 및 복선화 개량을 내용으로 삼고 있었다. 새로 건설되는 5개 국철 노선은 도문선(圖們線, 웅기-동관진, 162.8km), 혜산선(惠山線, 길주-혜산진, 141.6km), 만포선(滿浦線, 순천-만포진, 212.6km), 동해선(東海線, 원산-포항, 울산-부산, 545.6km), 경전선(慶全線, 진주-전주, 원촌-담양, 249.6km) 등이었다.

앞의 지도에서 확인할 수 있듯이 5개 신규 국철 노선은 모두 일본-한

1937년 조선철도12년계획 노선이었던 동해 북부선 교량공사
- 출처: 국토교통부 외, 『2019 사진으로 보는 新한국철도사』, 2019, 55쪽(『한국철도80년약사』 수록)

1944년 조선철도12년계획 노선이었던 백무선의 목재 수송열차
- 출처: 국토교통부 외, 『2019 사진으로 보는 新한국철도사』, 2019, 57쪽(『한국철도80년약사』 수록)

반도-만주를 다양한 갈래에서 신속하게 연결해 경부·경의 노선에 집중된 종관 철도망의 수송력을 분산하고자 하는 목적을 담았다. 특히 한반도 북부의 3개 노선(도문선, 혜산선, 만포선)은 지하자원 개발과 국방 경비 역할도 겸한다는 판단이었다.

'12년계획'은 예정보다 1년 늦은 1939년에 동해선과 경전선 일부를 제외하고 거의 완성되었다. 1930년대 들어 대륙 침략을 꾀한 일본은 한반도 남부보다는 북부의 철도 건설에 집중했다. 건설자금 조달의 권한을 일본 정부 대장성이 독점하고 있었기 때문에 철도 건설의 순서도 대륙 침략에 필요한 순서대로 진행되었다. 그 결과 '12년계획'은 상대적으로 인구밀도가 높았던 한반도 남부보다 북부가 먼저 완료되었고, 경전선 일부와 동해선 중부 구간은 1945년까지 완공되지 못하는 기형적 결과를 맞았다.

11

제2기 치도공사는
왜 계획대로 진행되지 못했을까?

　제1기 치도공사가 종료된 직후인 1917년 10월부터 제2기 치도공사가 시작되었다. 조선총독부는 1917~1922년까지 6개년 계획으로 공사비 6,672,111엔, 사무비 827,889엔, 총액 7,500,000엔의 예산으로 제2기 치도공사를 계획했다. 1등 도로, 2등 도로 중 새롭게 '교통 및 경제상 가장 긴요한' 26개 노선 총 1,880.4km와 주요 하천 교량 9개소(대동교, 진주교 등)를 포함했다. 〈표 3〉을 보면 제2기 치도공사의 대상이 된 노선을 확인할 수 있다.

〈표 3〉 제2기 치도공사 계획

노선명	구간	등급	거리(km)
경성-부산	대구-부산	1	127.6
경성-목포	정읍-광주	1	47.1

경성-의주	개성-평양	1	184.6
경성-의주	평양-의주	1	242.3
경성-원산	경성-원산	1	23.6
원산-회령	성진-경성	1	99.0
원산-회령	함흥-북청	1	15.7
원산-회령	단천-거산	1	81.7
해주-양덕	해주-남천점	2	76.9
경성-해주	개성-벽란도	2	15.7
충주-강릉	충주-강릉	2	76.6
충주-영덕	안동-영덕	2	74.6
통천-신안역	통천-신안역	2	13.7
김화-충주	충주-원주	2	11.8
김화-충주	김화-춘천	2	39.3
김화-충주	춘천-원주	2	12.6
광주-법성포	송정리-영광	2	42.1
군산-서산	군산-서산	2	24.7
부산-경주	동래-경주	2	9.8
정주-삭주	구성-삭주	2	58.9
운산-창성	운산-창성	2	102.1
성진-혜산진	고보-동점	2	106.0
장진-만포진	장진-만포진	2	132.5
경원-종성	경원-종성	2	33.4
웅기-온성	신아산-온성	2	72.7
함흥-자성	함흥-장진	2	149.2
교량가설			9개소

출처: 조선총독부, 『조선토목사업지』, 1928, 119~121쪽(조병로, 「일제 식민지 시기의 도로교통에 대한 연구(II)」, 『한국민족운동사연구』 59, 2009, 260~261쪽에서 재인용).

그러나 제2기 치도공사는 계획대로 진행되지 못했다. 제1차 세계대전의 영향으로 1918년부터 물가와 임금이 상승하며 공사비도 증대했고, 무자비하게 자행됐던 부역 동원도 3·1운동 이후 어려워졌기 때문이다.

부역은 고대부터 존재했던 전통적 세금 형태의 하나로 국가에 노동력을 제공하거나 상응하는 재물을 납부하는 것을 말한다. 이른바 조세를 금전 형태로 납부하는 방식이 정착한 근대에 들어서면 사라지는 것이 일반적이었지만, 조선총독부는 인건비를 아끼는 차원에서 '전통'이라는 명목으로 부역 동원을 일삼았다.

게다가 조선시대에 부역은 세금이었기 때문에 법적으로 정해진 시기, 지역별로 정해진 수량만큼 동원했다. 물론 법이라는 것이 언제나 철저하게 지켜지지 않은 것처럼 이례적인 동원이 존재했지만 이는 예외적인 사례였다. 그러나 1910년대 조선총독부가 실시했던 부역 동원은 법적 제어장치 없이 무작위로 동원되면서 조선인을 가장 괴롭힌 식민정책이자 3·1운동 이후 최우선적으로 철폐되어야 할 대상으로 손꼽히게 되었다.

조선은 예전부터 도로 수선에 부역을 시키는 관례가 있긴 했지만 이번처럼 끊임없이 부역을 명하는 일은 없었다. 일본인은 말로는 조선인을 지도·계발한다고 하지만 실상은 조선인을 전부 죽이려는 생각이다. 그러니 지금처럼 농사일이 바쁜 가을임에도 이를 고려하지 않고 매일 부려먹는다.

* 1911년 10월 어느 날 공주경찰서 관내 주막에서 마을 주민들의 이야기를 헌병경찰이 엿듣고 기록한 내용

- 『주막담총』 『1910년대 일제의 비밀사찰기 공주를 주막에서 엿듣다(酒幕談叢)』 공주대학교 공주학연구원, 2017.)

결국 제2기 치도공사는 계획을 완수하지 못했다. 1922년 당시 계획된 노선 중 869km와 교량 8개는 삽조차 뜨지 못했다. 일본과 조선을 아우르는 제국의 경제 상황과 무자비했던 1910년대 무단통치에 대한 저항이 맞물리면서 도로 건설은 차질을 빚고 말았다.

설상가상으로 일본 경제는 전후 공황을 겪으며 악화되었고, 1923년 9월 관동대지진까지 일어났다. 식민지 경제는 식민본국의 경제 상황으로부터 자유롭지 않다. 그것을 종속성, 식민지성 등 다양하게 표현하는데 표현이 중요한 것은 아니다.

그렇다면 관동대지진은 조선의 도로 건설에 어떤 영향을 끼쳤을까?

앞서 언급했듯이 지진 이후 조선에 발행할 공채 발행액이 급감했다. 지진 발생 직후인 1924년 조선총독부 예산부터 공채로 자금을 조달하는 사업에서 도로가 삭제되었다. 정확히 말하면 대장성은 조선에서 철도사업에만 공채 발행을 허가하고 다른 사업은 모두 불허했다.

공채로 자금을 조달하지 못한다면 조선에서 거두는 조세 수입으로 도로를 건설하면 되지 않느냐고 반문할지 모르겠다. 만약에 어떤 이가 전세 자금으로 1억 원이 필요해 대출을 받았다고 가정하자. 그러면 현재 매달 들어오는 수입으로 만기까지 원금과 이자를 나눠 갚아 나가면 된다. 그런데 전세가가 1억 원 올라 추가 대출이 필요한데 은행에서 이를 거부했다면 어떻게 될까? 이사를 하거나 다른 곳에서 융통해야지 현재 수입으로 이를 충당할 수는 없다. 한꺼번에 1억 원이라는 목돈을 마련할 길이 없기 때문이다.

1924년 이후 조선의 도로 건설이 직면한 상황도 이와 같다. 명목상으로 도로 건설은 중단되지 않았고 충당할 자금을 공채에서 조세 수입과

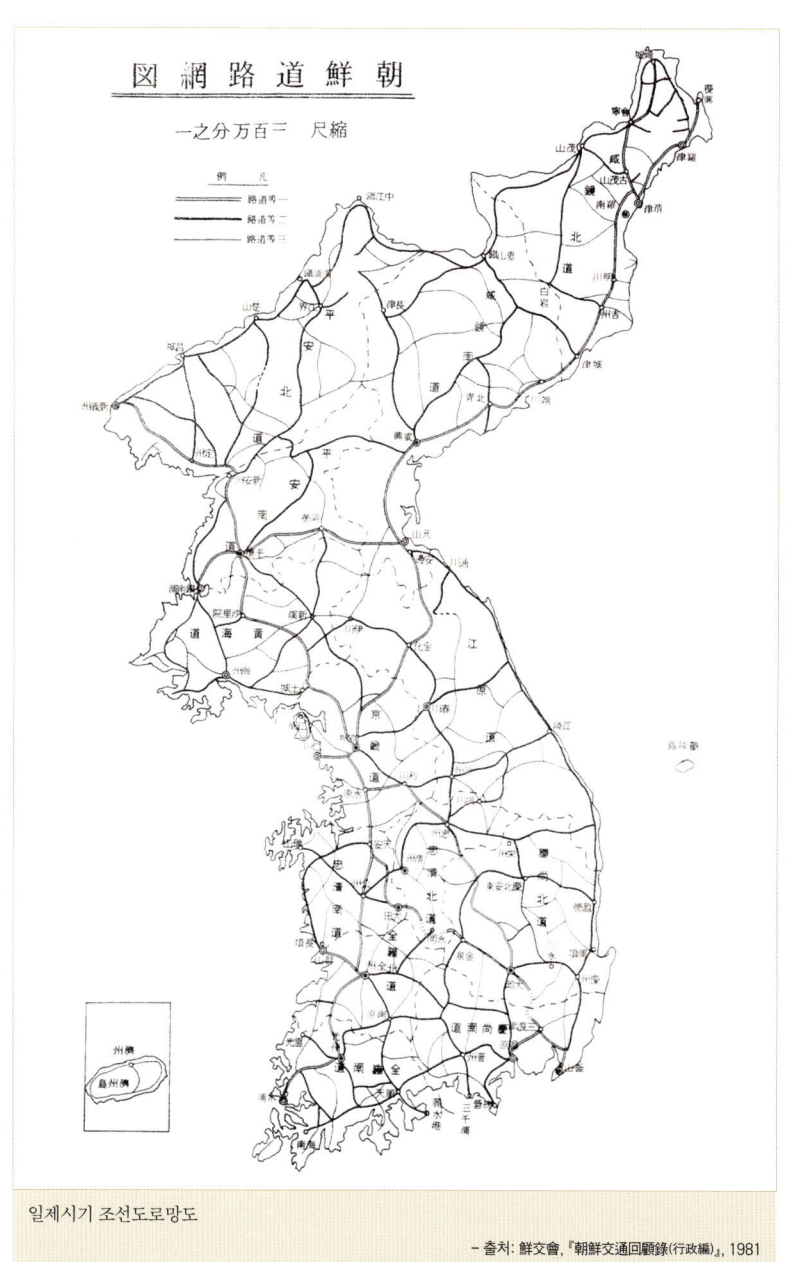

일제시기 조선도로망도

— 출처: 鮮交會, 『朝鮮交通回顧錄(行政編)』, 1981

같은 보통재원으로 옮기도록 수정되었지만, 이는 사실상 도로 건설의 무기한 연기이자 중단을 의미했다. 자연스럽게 제2기 치도공사는 1930년대 후반까지 미뤄질 수밖에 없었다. 식민본국에서 발생한 재해가 식민지에 일으킨 나비효과였다.

나비효과는 또 있었다. 아무리 공채 발행이 중단되었더라도 기간산업 육성을 마냥 중지할 수는 없었다. 식민지에도 도로, 항만 등을 부설해 이득을 보고자 하는 자본가들이 이미 다수 존재했기 때문이다. 때문에 보통재원을 동원해 조금씩 도로 건설을 진행했다. 그러나 기존의 조세 수입 수준에서는 생각지도 못했던 자금조달이었다. 결과는 자연스럽게 조세 증징으로 이어질 수밖에 없었다. 1920년대 후반에 조선총독부가 단행한 수익세 신설, 주세 증징 등은 이러한 상황을 잘 보여 준다.

일제시기 식민지자본주의라는 경제 형태는 단순히 물자나 돈을 직접 수탈해 가고, 조선인을 차별해 일본인이 이윤을 독점하는 수준에 머무는 것이 아니었다. 조선 경제는 독립된 국가 경제처럼 존재할 수 없으며, 일본과 조선의 관계는 결코 국가 대 국가가 아니라는 점을 1920년대 도로 건설에 대한 재원 조달 문제에서 확인할 수 있다. 식민지는 끊임없이 식민본국의 영향을 받을 수밖에 없는데, 결코 그 영향이 서로 대등하게 주고받는 관계는 아니었다. 1920년대 도로 건설의 부침은 식민지자본주의 운용 방식의 문제를 적나라하게 보여 준다.

12

침략 욕구가 만들어 낸 교통망의 확대, 북선 루트·북선 3항

흔히 만주로 불리는 공간은 현재 북한과 국경을 접하는 중국 랴오닝성[遼寧省], 지린성[吉林省], 헤이룽장성[黑龍江省] 등 동북 3성을 일컫는다. 이상하게 일부 한국인과 일본인은 만주에 특별한 감정을 이입하고 회복해야 할 땅으로 생각한다. 일부 한국인은 과거 고조선과 고구려의 영토였다는 점, 독립운동가들이 살던 곳이었다는 점을 강조한다. 옛 땅을 되찾겠다는 고토회복의 망상만큼 위험한 것이 없다. 모든 제국주의, 전쟁은 고토회복이라는 망상에서 시작됐다. 그런 논리면 일본이 다시 한국을 지배해도 되는 것이고, 몽골은 다시 지구의 절반을 차지해야 한다. 제국주의의 망상이다.

우리만 그런 게 아니다. 일부 일본인도 만주를 제국주의의 전성기를 함께했던 공간이라고 여긴다. 만철부터 1932년 3월 설립한 괴뢰정권 만주국까지, 만주는 일본 제국주의 침략의 최전선이었다. 한 번 맛본 마약은

끊을 수 없듯이 침략의 전선을 확대하겠다는 일본의 야욕은 멈추지 않았다. 1930년대 만주는 일본에서 최단 시간, 최대 물량을 수송해야 할 목적지가 되었다. 그리고 그것을 실현해 줄 유일한 통로는 한반도, 즉 식민지 조선이었다.

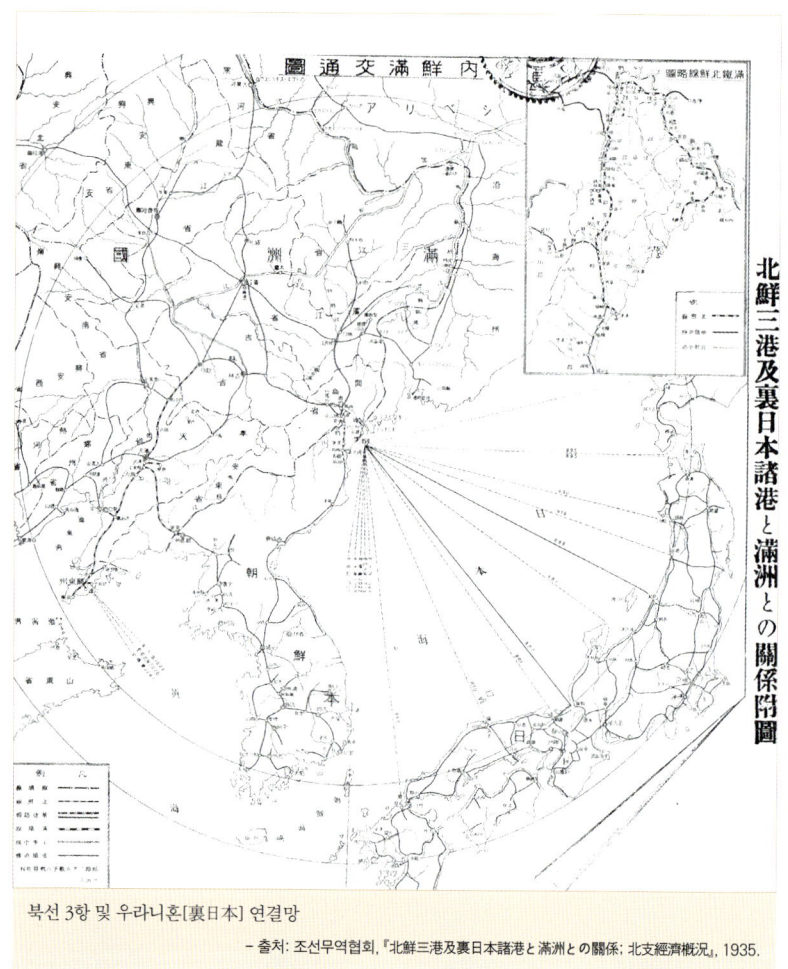

북선 3항 및 우라니혼[裏日本] 연결망
- 출처: 조선무역협회, 『北鮮三港及裏日本諸港と滿洲との關係; 北支經濟槪況』, 1935.

일본이 본격적으로 만주 침략을 자행한 것은 1931년 만주사변이었다. 이를 계기로 한반도 동북 지역과 동해를 통해 일본-한국-만주를 잇는 새로운 교통로 개발에 주력했다. 이른바 북선 루트 개발이 그것이다. 이전까지 일본은 일본-대한해협-경부선·경의선-안봉선으로 이어지는 육로, 일본-서해-남만 3항(다롄, 잉커우, 뤼순)-만철로 이어지는 서해 노선을 만주로 향하는 양대 루트로 사용해 왔다.

그런데 1930년대 만주 침략이 본격화되며 1932년 괴뢰정권 만주국이 성립하자 일본과 만주를 오가는 수송 수요가 늘어나게 되었다. 물론 늘어난 수송 수요의 핵심은 군사수송이었다. 새로운 수송로의 필요성이 대두되며 부상한 노선은 우라니혼[裏日本]이라 일컫는 지역의 니가타(新潟), 쓰루가(敦賀) 등 항구도시에서 동해를 거쳐 한반도 북부의 북선 3항(청진, 웅기, 나진)을 이어 만주로 연결되는 경로였다. 앞의 그림에서도 알 수 있듯이 이 북선 루트는 일본과 만주를 최단거리로 연결할 수 있었다.

이를 위해서는 북선 3항 개발과 함께 당시 길회선(吉會線)으로 불렸으며, 이후 경도선(京圖線)으로 개칭된 철도의 부설이 필수적이었다. 이 철도는 만주의 중앙인 지린[吉林]과 한반도 동북쪽 끝에 있는 회령(會寧), 상삼봉(上三峰), 남양(南陽) 등을 연결했다. 길회선은 이미 1900년대 러일전쟁 전후부터 일본 육군이 만주 침략을 위한 필수 노선으로 구상하고 있었다. 조선총독부가 강제병합 이후 함경선 착공을 서두른 것도 길회선과의 연결을 염두에 둔 포석이었다.

그러나 1920년대가 되면서 찾아온 전후 불황과 1923년 관동대지진 그리고 제1차 세계대전 종전을 계기로 조성된 평화 무드, 군비 축소 국면 속에서 중국의 주권을 존중하는 분위기가 정착했다. 급변한 세계정세와

1933년 4월 8일 길회철도 북회선 개통식

- 출처: 『매일신보』

지역정세 속에서 함경선 부설도 1928년이 돼서야 마무리되는 등 일본 육군의 만주 침략 구상을 현실화하는 것은 불가능해 보였다. 이러한 분위기를 깨고 숨죽여 있던 침략 야욕을 들쑤신 것이 바로 1929년 말 세계 대공황 이후 전격적으로 자행된 만주사변(1931)과 만주국 성립(1932)이었다.

이후에 일본 제국주의의 숙원 사업이었던 길림-회령 철도 부설에 속도가 붙었고, 노선을 둘러싼 조선총독부, 만철, 관동군 간의 갈등에도 1933년 9월 경도선으로 개칭된 노선이 준공되었다. 이 노선은 총 528km로 만주국의 수도인 신징[新京]으로 개칭되었던 창춘[長春]에서 지린-둔화[敦化]-챠오양촨[朝陽川]-옌지[延吉]-투먼[圖們]을 연결했다.

1933년에는 투먼에서 두만강을 건너 함경북도 남양을 잇는 도문철교가 가설되며 조선의 도문선(회령-웅기)과 연결되었다. 이 구간이 두만강에서 만주와 조선을 연결한 첫 번째 통로였다. 그리고 조양천에서 남쪽으로 내려와 룽징[龍井]을 거쳐 카이샨뚠[開山屯]에 이르는 노선도 1934년 3월 준공했는데 이 노선도 두만강 건너 함경북도 상삼봉과 연결되며 두 번째 통로가 되었다. 즉, 투먼-남양, 카이샨뚠-상삼봉이라는 연결통로를 거쳐 두만강을 동북쪽으로 끼고 돌거나 함경선을 타고 남쪽으로 내려가면 각각 웅기, 나진, 청진이라는 북선 3항과 만나게 되었다. 이로써 북선 루트가 완성되었다.

한편, 일본이 만주를 점령한 후 조선총독부는 1933년 9월 30일 함경선의 수성(輸城)-회령, 도문선, 청진선, 회령탄광선 등 합계 329km의 노선을 만철에 위탁 경영하는 계약 및 협정을 체결했다. 만철은 청진에 북선철도관리국을 설치하고 함경북도 일원의 북선철도를 직접 운영했다. 이때 만철은 건설 중이었던 북선 3항까지 위탁 경영 대상에 포함하려 했지만 조선총독부가 반대했다. 그러나 관동군이 길회선과 접속하는 북선 3항을 물류기지로 중시함에 따라 만철은 1933년 6월에 나진건설사무소를 설치하고 나진항 및 웅라선(웅기-나진) 건설을 시작하면서 나진항은 자연히

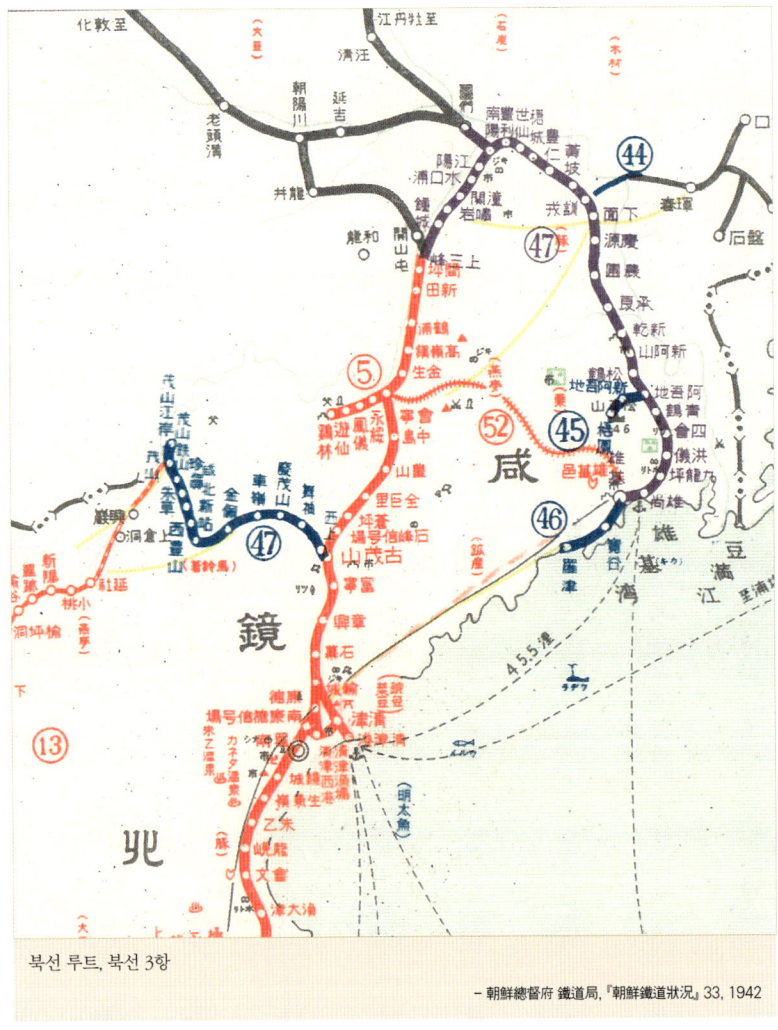

북선 루트, 북선 3항

- 朝鮮總督府 鐵道局, 『朝鮮鐵道狀況』 33, 1942

만철의 관리대상이 되었다.

일본 정부는 북선 3항의 경영 주체를 놓고 여러 방안으로 고민했으나 애초부터 조선총독부는 고려 대상이 아니었다. 이는 1920년대 길회선 부설 구상 때부터 일관된 생각이었다. 함경북도에 부설된 철도는 일본에서 만주로 가는 통로일 뿐이지 조선 개발을 위한 철도 부설과는 관련이 없다고 생각했기 때문이다. 함경북도는 만주가 아니라 엄연히 조선이었지만 제국주의 침략의 교두보가 되는 순간 그곳은 이미 조선이 아니었다.

결국 일본 정부는 함경북도 지역 철도를 국제간선으로 활용한다는 명분으로 만철이 청진항과 웅기항까지 위탁 경영하도록 결정했다. 이에 따라 조선총독부는 청진항과 웅기항 경영을 만철에 무료 대부했다. 만철은 청진에 설치한 북선철도관리국을 1936년 10월 나진으로 이전해 북선철도사무소로 개칭했다.

만철과 조선총독부의 한국철도 운영 주체에 관한 갈등은 계속되다가 1940년 7월 1일로 함경철도 상삼봉 이남의 청진선과 회령탄광선 등 일부 노선의 위탁 경영이 해제되어 조선총독부 직영으로 환원되었다.

13

만주 침략이 만든 끝없는 종관루트 확보 욕망

㈜남조선철도 매수와 경경선 부설

    일본은 북선 루트를 구축하며 만주로 향하는 연결망을 세 개로 늘렸다. 하지만 제국주의 침략을 위한 수송 능력은 많으면 많을수록 좋았고, 아무리 많아도 부족하게 느껴졌다. 육로는 추가로 구축할 여력이 있었다. 굳이 경부선과 경의선이라는 단일 루트만 고집할 필요가 없었기 때문이다. 방법은 두 가지였다. 부산항 외에 일본과 연결된 주요 항구를 늘려 철도와 연결하는 방법과 부산에서 한반도를 종관해 올라가는 철도망을 늘리는 방법이었다. 일본은 두 가지를 모두 추진했다.

    1930년 12월, 여수를 기점으로 순천으로 북상하여 광주로 이어진 노선이 ㈜남조선철도 소유의 사설철도로 개통됐다. 동시에 시모노세키[下關]에서 여수를 오가는 연락선이 ㈜가와사키기선[川崎汽船]에 의해 개설됐다. 부관연락선을 보완해 줄 여관연락선(麗關連絡船)의 등장이었다. 다음 그림은 ㈜남조선철도 영업보고서에 첨부된 노선도이다. ㈜가와사키기선

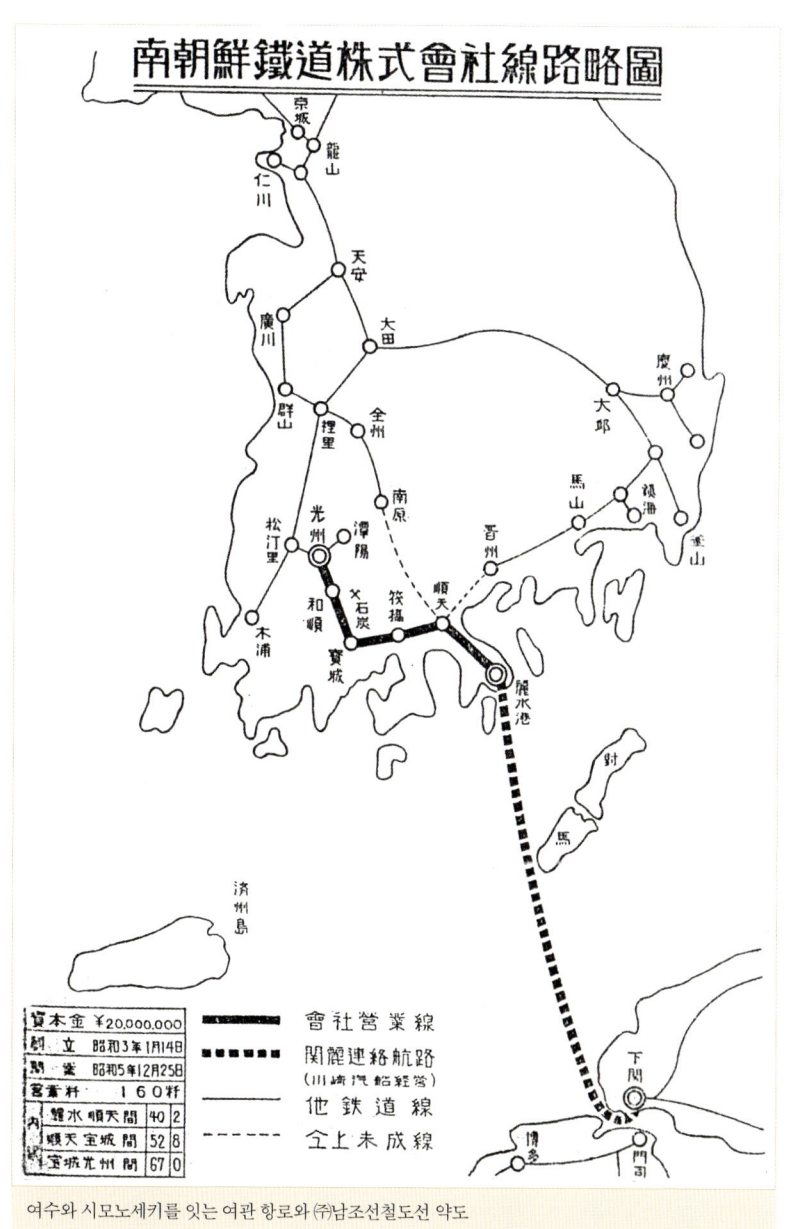

여수와 시모노세키를 잇는 여관 항로와 ㈜남조선철도선 약도

– 출처: 南朝鮮鐵道株式會社, 『第九回 營業報告書』, 1932

이 운영하는 항로로 수송된 화물과 승객이 ㈜남조선철도의 노선을 통해 여수·순천을 거쳐 광주를 거친 후 호남선을 타고 대전으로 북상한 뒤 경부선·경의선으로 이어져 만주에 이르는 루트가 형성되었음을 확인할 수 있다.

그러나 여관연락선과 ㈜남조선철도 노선으로 이어지는 종관노선에는 ㈜남조선철도가 사설철도라는 문제가 있었다. 일제시기 사설철도는 적자를 벗어나기 어려워 조선총독부로부터 배당 이윤을 보장받는 보조금 특혜를 받았다. 그럼에도 운임을 조선총독부 철도국이 운영했던 노선에 비해 두 배로 책정하고 있었다. 철도와 기선 이용자로서는 두 배나 되는 운임을 부담하면서 부산 대신 여수를 선택할 이유가 없었다.

이러한 문제는 일본이 만주로 향하는 노선을 더 필요로 하게 되자 해결되었다. 일본 정부가 조선에 관련된 지원을 늘렸기 때문이다. 우선 1934년 4월 여수-시모노세키 항로는 부산-시모노세키 항로를 보완하는 '조선총독부 명령항로'로 지정되었다. 명령항로는 정책적으로 해당 항로의 중요성을 인정받아 재정 보조를 받는 항로를 의미한다. 명령항로 지정에 따라 ㈜가와사키기선은 매년 조선총독부로부터 34,000엔, 전라남도청으로부터 6,000엔의 보조금을 받았다.

그리고 1935년 4월 일본 대장성은 문제의 핵심이었던 ㈜남조선철도 노선의 조선총독부 매수를 허가했다. 여기서 허가란 대장성이 매수를 위한 비용에 해당하는 공채 발행을 허가했다는 의미다. 이를 통해 ㈜남조선철도 노선의 운임을 기존의 절반으로 인하할 수 있게 되었다.

이는 1934년까지 진행되고 있었던 조선총독부의 사설철도 매수 정책에는 존재하지 않았던 계획이었다. 만주로 향하는 종관노선 추가 확보 필요성이 증대되자 대장성이 다른 노선에 대한 매수계획을 전부 연기 혹은 취소시키고 전격적으로 행한 조치였다. 한반도 철도망의 운명이 제국주의 침략 정책에 좌우되었던 모습을 잘 보여 준다. 게다가 '12년계획'의 하나로 부설 중이던 경전북부선(이후 전라선)도 완공되면서 시모노세키에서 여수에 도착한 승객과 화물은 광주뿐 아니라 전주를 거쳐 대전에서 경부선으로 이어졌다. 명실상부한 제2종관노선이 구축된 것이다.

그러나 일본은 제2종관노선 구축으로 만족하지 않았다. 제1종관노선인 경부선·경의선의 수송량을 분산시켜야 했다. 특히 전시 상황에서 단기에 폭발적으로 증가하는 병참을 수송하려면 수송량 분산이 반드시 이루어져야 했다. 이에 따라 청량리역에서 출발해 영천을 거쳐 동해남부선 경주를 지나 부산으로 남하하는 경경선(京慶線, 이후 중앙선으로 개칭) 부설이 결정되었다.

경경선은 경부선 동쪽에서 한반도 남부 지역을 종관하는 노선으로 식민지기 초기부터 경부선을 보완하기 위해 부설해야 한다는 논의가 있었다. 현재 밝혀진 바로는 1912년 마산을 기점으로 대구에서 충주를 거쳐 서울에 이르는 방안이 최초 구상이다. 1923년 무렵에도 철도국은 서빙고에서 시작해 이천-충주를 거쳐 단양-예천-안동-의성을 지나 대구에 이르는 노선과 청량리-양평을 거쳐 장호원-충주를 지나는 경로 등을 조사했다. 1926년에도 충주, 영월, 평창, 죽령 등의 자원 개발을 위한 철도를 구상했다.

사설철도회사도 유사한 노선의 부설을 출원하기도 했다. '12년계획'이 시작된 1928년 전후 ㈜조선철도가 청량리-점촌 구간과 김천-삼천포 구간 부설을 출원했다. 부산을 보완하는 보조항로로서 1920년대 후반 주

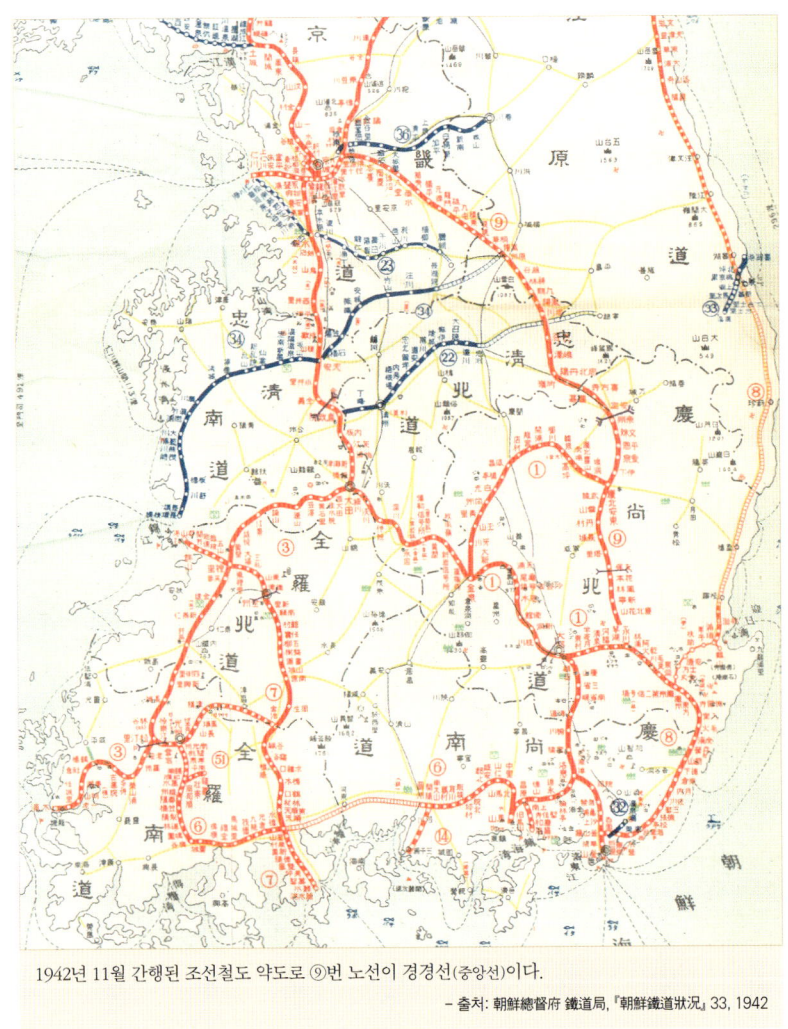

1942년 11월 간행된 조선철도 약도로 ⑨번 노선이 경경선(중앙선)이다.
— 출처: 朝鮮總督府 鐵道局, 『朝鮮鐵道狀況』 33, 1942

목받던 삼천포 개발과 맞물려 삼천포에서 경성에 이르는 종관철도 부설 구상이 등장했던 것으로 보인다. 1936년에 실제로 실행된 경경선과 가장 유사한 계획은 1935년 철도국안으로 청량리에서 시작해 양평-원주-

1940년 경경선(중앙선) 원주역 전경
- 출처: 국토교통부 외, 『2019 사진으로 보는 新한국철도사』, 2019, 56쪽(『한국철도80년약사』 수록)

제천을 연결하고 안동-의성을 거쳐 영천에 이르는 노선이었다. 그럼에도 1930년대 중반 이전까지 식민지 철도 투자의 결정권을 가지고 있던 일본 대장성은 재정 상황을 이유로 허가하지 않았다.

그러나 만주사변으로 촉발된 일본의 만주 침략 이후 상황은 달라졌다. 이미 시작된 대륙 침략 분위기하에서 만주로 향하는 수송 루트 구축은 '다다익선'이었기 때문이다. 결국 1936년 5월 제69회 제국의회에서 약 6,513만여 엔의 공채를 발행해 경경선을 건설하는 안이 통과되었다.

1936년 시점에서 만주로 향하는 수송 루트를 증설해 경부선의 부담을 줄이겠다는 목표가 경경선 부설의 가장 큰 이유였다. 아울러 해안선에 근접한 경부선이 함포 공격에 노출될 수 있다는 우려가 있었던 데 대해 경경선은 내륙을 관통하기 때문에 이에 상대적으로 자유롭다는 점도 중요했다. 일본의 만주 침략이라는 군사적 목적이 처음부터 끝까지 조선

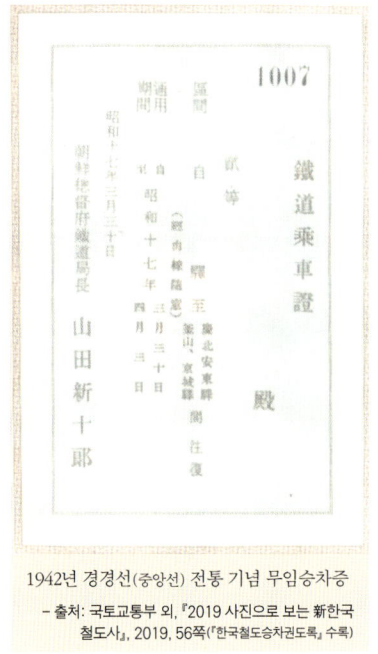

1942년 경경선(중앙선) 전통 기념 무임승차증
- 출처: 국토교통부 외, 『2019 사진으로 보는 新한국철도사』, 2019, 56쪽(『한국철도승차권도록』 수록)

철도망 확충의 원인과 결과를 만들었다. 물론 조선 내륙 개발이라는 명분도 중요하게 작용했다. 경경선이 통과하는 지역은 4개 도, 27개 군에 걸쳐 전 국토의 12%를 차지했고, 연선 인구는 188만 명에 달했다. 경경선은 이 지역에 존재했던 금, 동, 아연, 흑연, 석탄, 목재, 쌀 등의 수송력 확보를 목표로 했던 노선이기도 했다.

1936년 7월 15일 경경선 건설을 위한 경성건설사무소가 설치되었다. 죽령을 기준으로 북부 구간은 청량리 방면부터, 남부 구간은 영천 방면부터, 중앙부는 소백산맥의 죽령터널과 치악터널 부근부터 동시에 공사가 시작되었다. 1942년 2월 안동-단양 구간이 개통됨으로써 경경선은 착공 6년 만인 1942년 4월 1일 전 구간이 개통되었다. 일본 정부와 조선총독부는 중일전쟁 이후 물자와 인력이 지극히 궁핍해졌음에도 불구하고 다른 노선 부설을 모두 미루면서 경경선 부설을 서둘렀다. 동해선, 대삼선, 평원선 등의 공사를 중지 또는 연기시키면서 경경선 공사에 물자와 인력을 몰아주며 속성을 독려했다. 동해선도 같은 종관철도였지만 병참선 성격이 강했던 경경선이 제국주의 침략이라는 일본의 목적에 보다 더 적합했기 때문이다.

14

평원선 부설은 왜 36년이나 걸렸을까?

　이번에는 우리에게 생소한 철도 하나를 소개하고자 한다. 평양과 원산을 연결하는 평원선이다. 다음 지도는 1942년 11월에 작성된 조선철도약도로 파란색 원으로 표시한 노선이 평원선이다.

　평원선이 왜 특별할까?

　붉은색 노선인 이른바 국유철도(조선총독부 철도국 소속) 중 유일하게 한반도의 동서를 가로지르는 횡단철도였기 때문이다. 경성과 원산을 연결한 경원선이나 대전에서 대구를 거쳐 경주로 가는 노선도 횡단노선으로 보이지만 두 노선은 각기 함경북도와 부산을 남북으로 연결하기 위한 경로일 뿐 온전한 횡단노선은 아니었다. 평원선이 개통되었을 때 '반도 유일의 횡단철도'라고 소개됐던 것도 이러한 이유 때문이다.

　일반적으로 일제시기 조선철도의 역사는 한반도를 종관하는 노선을 중심으로 다뤄졌다. 이는 일본 제국주의가 식민지 조선에서 추진한 철도

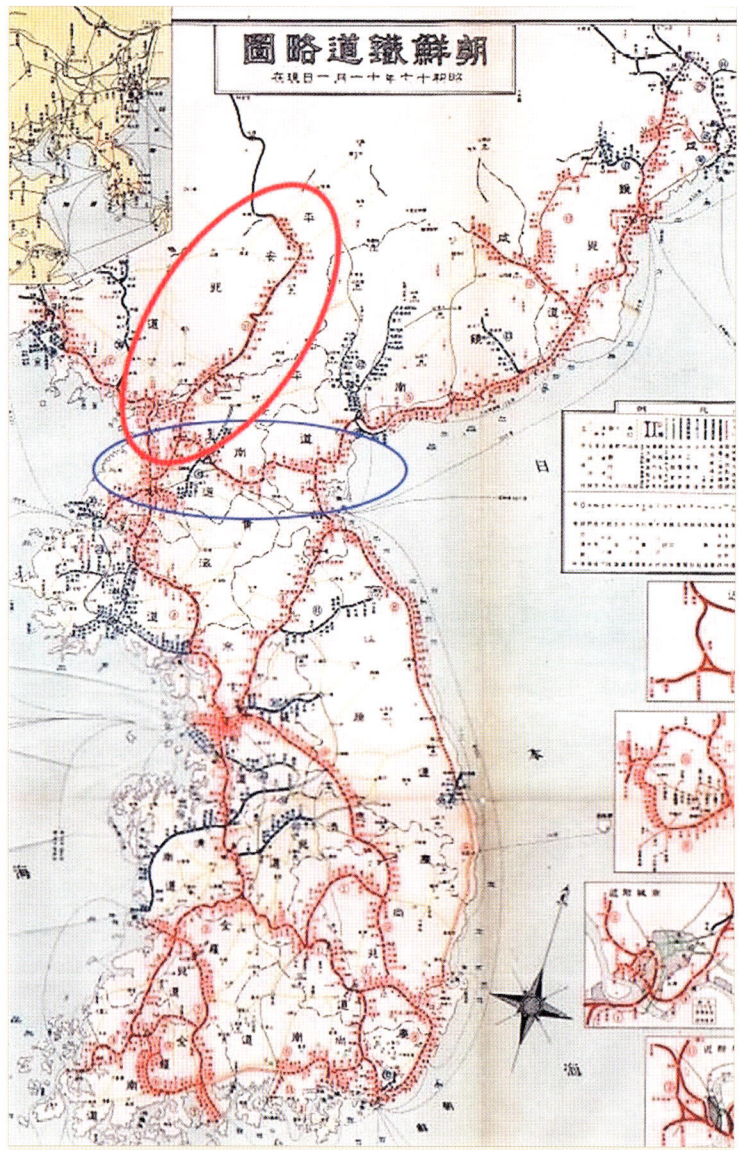

1942년 11월에 출간된 조선철도약도. 파란색 원(필자)이 평원선이고, 붉은색 원(필자)이 만포선이다. 붉은색 노선이 이른바 국유철도(조선총독부 철도국 소속), 파란색 노선이 사설철도이다.
- 출처: 朝鮮總督府 鐵道局, 『朝鮮鐵道狀況』 33, 1942

정책의 핵심이 대륙 침략의 통로인 종관루트를 가능한 한 많이 확보하는 것이었기 때문이다. 그것이 제국주의가 식민지 철도에 부여한 역할이었다.

그런데 조선인에 한정하지 않더라도 조선에 살았던 사람들의 입장에서 노선을 구상했다면 어땠을까? 만약 강제병합이 되지 않고 조선 정부가 주체적으로 노선을 구상했다면 어땠을까?

확실한 것은 우리가 구상했더라도 반도의 특성상 종관노선이 중심이었을 것임은 분명하다. 그 종점이 부산이었을지는 확신할 수 없지만.

한반도는 반도라는 성격 외에도 서고동저의 지형적 특성을 가지고 있다. 따라서 동쪽과 서쪽이 각기 생산하는 물자의 성격이 달랐고, 이를 빠르게 수송할 교통수단의 확보도 한반도의 자본주의 개발을 위해 필수적이었다. 그런데 이른바 국유철도로 부설된 횡단철도는 평원선뿐이고, 나머지는 사설철도가 담당했다. 이마저도 동·서해안을 연결하지 못했다. 왜 그랬을까?

당시 조선에 살았던 자본가들은 횡단노선 부설이 종관노선만큼 중요하다고 주장했다. 그러나 철도부설자금의 원천이었던 공채 발행의 권한을 가진 대장성은 이에 전혀 관심이 없었다. 전적으로 조선 개발에만 필요한 노선이었으므로 횡단철도 부설에 일본 경제와 연결된 공채 발행을 허용할 수 없다는 논리였다. 흔히 일제시기 철도 부설을 일본이 내려준 시혜, 근대화의 상징, 일본이 식민지에 엄청난 자금을 투자한 증거로 말하는 사람들이 있다. 사고방식이 지나치게 단순할 경우 범할 수 있는 성급한 결론이다. 철도에 들어간 자금 총액만 보고 판단할 것이 아니라, 어떤 노선을 주로 건설했고, 개량했으며, 주요 목적이나 목표가 무엇이었는

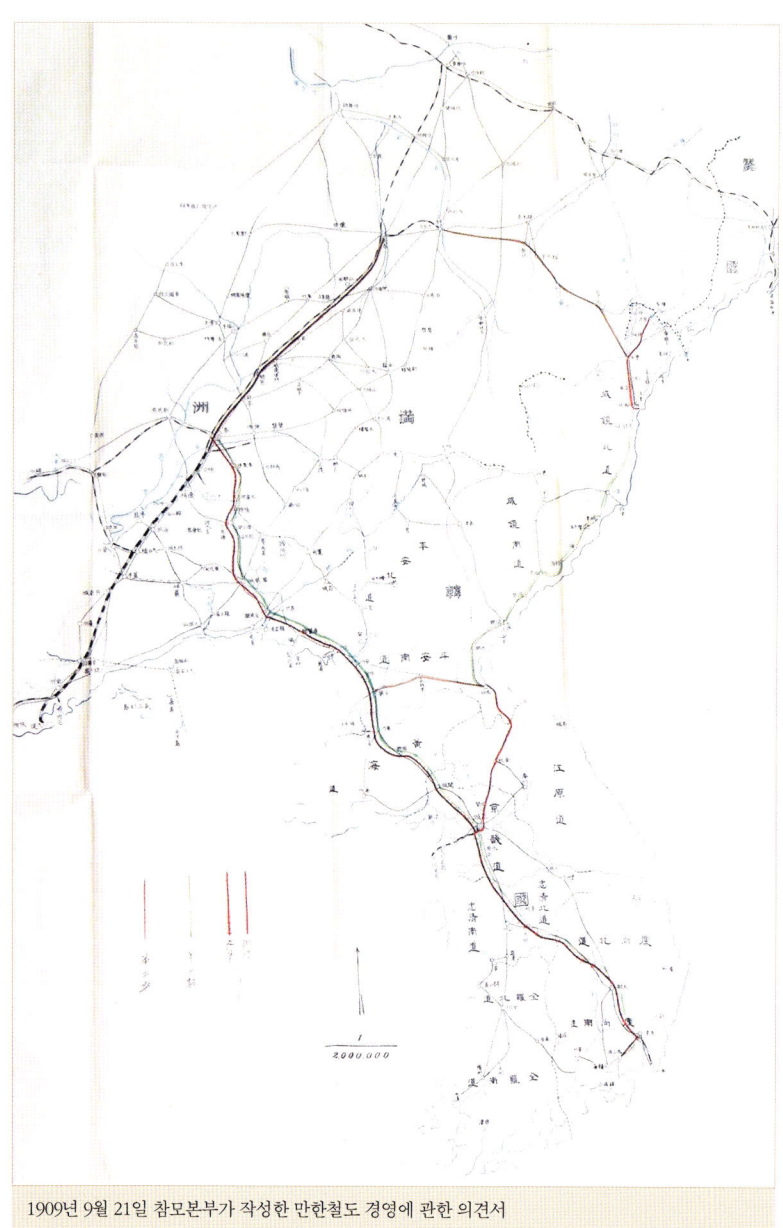

1909년 9월 21일 참모본부가 작성한 만한철도 경영에 관한 의견서
- 출처:「滿韓鐵道經營ニ關スル意見書」, 防衛省防衛研究所所藏 文庫-宮崎-41

지를 꼼꼼하게 살펴본 후 성격을 규명해야 한다. 평원선은 그 사례가 될 것이다.

1909년 일본 육군참모본부가 작성한 만한철도 경영에 관한 의견서에 수록된 지도를 다시 한번 보자. 이때에도 평양과 원산을 연결하는 노선이 이미 일본군의 구상에 자리하고 있었다. 평양은 조선시대부터 상업의 중심지였으며 원산은 강화도조약 체결 이후 개항된 항구 중 하나였기 때문에 이미 일본인 자본가들이 많이 들어와 있었다. 이들을 중심으로 평원선 부설 필요성은 이미 1904년부터 등장했다. 경부선이 개통되기 전부터 지역 자본가들에 의해 필요성이 언급되고 있었다.

급기야 1906년에는 일본 제국의회에 부설을 청원하는 의견서가 제출되어 채용되기도 했다. 그러나 건설비가 많이 든다는 이유로 채택되지는 않았다. 그러자 평양과 원산의 일본인 자본가들을 중심으로 평원선을 부설할 철도회사 설립 요구가 고조되어 1907년 일본 정부에 회사 설립 보조를 요청하였다. 이들의 요청은 순조롭게 진행되어 각의(내각회의)의 승인만을 남겨 두고 있었는데, 한 인물이 한반도와 만주를 시찰한 뒤 각의에 참석해 회사 설립 보조 승인을 거부해 버렸다. 당시 육군대신이자 몇 년 후 조선총독부 초대 총독이 되는 데라우치 마사타케였다. 일본 육군의 실질적인 리더로서 조선 지배와 만주 침략 정책 구상을 주도한 데라우치는 평원선을 단순히 이윤 추구의 대상이 아니라 정치·군사적으로도 중요한 만큼 국유로 운영해야 한다는 이유를 내세웠다. 이후 평원선은 1909년 참모본부 의견서에 경원선, 함경선을 잇는 3기 노선으로 자리하게 되었다.

그렇다면 평원선은 경원선과 함경선이 개통된 이후 순조롭게 부설되었을까?

전혀 그렇지 못했다. 일본 대장성과 제국의회에 부설을 승인받는 데만 10년 이상 걸려 1922년이 되어서야 겨우 승인받을 수 있었다. 그러나 곧바로 조선에 이해관계가 없던 일본의 정치인들로부터 평원선은 이익이 나지 않는 노선인데 왜 예산을 편성했느냐는 비판에 시달렸고 이듬해인 1923년에 사실상 자금조달이 중단되었다. 〈표 4〉에서 확인할 수 있듯이 1922년부터 1925년까지 평원선 건설비는 사실상 조달되지 않았다고 볼 수 있다.

〈표 4〉 1922~1943년 주요 노선 건설비 결산표 (단위: 엔)

연도	평원선	함경선	만포선	중앙선	동해선	도문선	경전선	혜산선
1922년	41,510	10,801,640						
1923년	2,574	8,637,869						
1924년		7,192,329						
1925년		5,473,006						
1926년	790,346	9,511,073						
1927년	2,006,312	10,018,913	10,382		112,012	757,920	14,753	
1928년	1,916,551	2,457,204	25,803		2,612,269	4,392,570	129,368	73,493
1929년	2,425,241	1,795,076	1,668		1,120,146	3,944,243	987,294	49,891
1930년	1,491,405	108,386	21,233		2,037,510	2,367,831	1,584,362	13,297
1931년	1,121,147	33,142	760,355		2,684,718	1,791,654	1,579,798	853,373
1932년	501,306	31,939	3,041,310		2,833,457	2,212,388	393,089	3,577,756
1933년	846,035	112,466	3,601,303		3,269,041	246,447	953,906	3,293,750
1934년	1,582,978	100,469	5,436,025		1,068,871	147,702	408,371	2,519,626
1935년	921,751	29,141	7,060,737		2,115,630	121,658	1,300,547	2,512,270
1936년	1,855,946	7,771	6,700,501	3,864,485	1,358,925	51,289	2,693,007	1,241,876
1937년	1,628,239	22,077	5,297,337	14,595,724	3,666,860	35,015	351,573	2,356,230

1938년	1,055,414	128,114	4,571,417	19,162,530	2,638,452	166,259	77,605	149,795
1939년	6,945,685	974,212	1,774,201	24,589,994	3,641,209		621,064	173,971
1940년	7,559,951	833,832	1,802,466	8,697,116	6,775,068		1,154,569	64,021
1941년	2,915,563	253,399	824,713	7,014,298	7,596,484		1,145,252	130,671
1942년	1,271,346			654,858	4,376,397	3,480,725	1,304,791	
1943년	731,567			143,269	2,144,333	1,236,430	3,301,505	

출처: 朝鮮總督府 鐵道局, 『朝鮮鐵道狀況』 각년판; 朝鮮總督府 交通局, 『朝鮮交通狀況』, 1944 참조(박우현, 「일제시기 평원선 부설과 횡단철도의 주변화(1904~1941)」, 『한국문화』 89, 2020, 226~227쪽에서 재인용)

한번 중단된 평원선의 부설 재개는 오랜 시간이 걸렸다. 일본 경제가 제1차 세계대전 종전 이후 불황에 접어든 탓에 함경선 완공이 늦어진 탓도 있었지만 1923년 9월 발생한 관동대지진도 직격탄을 날렸다. 일본 정부가 승인하는 사업공채를 발행해 자금을 조달해야 했던 조선철도 부설의 특성상 관동대지진 이후 일본의 공채 정책이 재해복구에 집중되면서 조선에 사용될 공채 발행을 대폭 축소했기 때문이다.

이후에도 평원선은 주요 국면에서 계속 뒷전으로 밀려났다. 1926년 비관적인 전망을 뚫고 가까스로 부설이 시작되었지만, 곧바로 만포선 우선 부설론에 얽혀 들어갔다. 평원선만큼 생소한 만포선은 1942년 지도에 붉은색 원으로 표시된 노선이다. 평양에서 평원선을 타고 올라가다 보면 순천(順川)역이 있는데 이곳에서 동쪽인 원산으로 가지 않고 북쪽인 만포진으로 연결하는 노선이었다. 다시 말해 평원선을 부설하다 말고 다시 한반도 중북부를 관통해 만포진으로 향하는 종관노선을 먼저 부설해야 한다는 주장이었다.

결국 1927년 전격 승인된 '12년계획'에 만포선을 포함한 5개 노선의 신

평원선 건설 현장
- 출처: 국토교통부 외, 『2019 사진으로 보는 新한국철도사』, 2019, 49쪽(한국철도공사 제공)

규 부설이 결정되었다. 평원선 인근 주민과 자본가들은 절망했다. 만성적인 일본의 경제 불황 속에서 5개 노선에 평원선까지 동시에 부설될 가능성은 없었기 때문이다. '12년계획'에 들어갔던 노선들이 경전선 일부 구간을 제외하면 모두 종관노선이었던 만큼 유일한 횡단노선을 표방했던 평원선은 이리 치이고 저리 차이는 찬밥 신세를 면치 못했다. 결국 만포선 등의 새로운 종관노선이 완공될 때까지 평원선은 완공되지 못했다. 심지어 만포선도 만들어졌는데 평원선은 완공할 필요가 없지 않으냐는 완공 무용론까지 등장했다.

그런데 1937년 일본이 중일전쟁을 도발하면서 평원선의 위상에 반전이 일어났다. 중국 본토 침략이 본격화되면서 그동안 중시되었던 종관노선보다 일본에서 동해를 거쳐 한반도를 가장 빠르게 횡단해 중국 본토로 병참을 수송할 수 있는 노선이 시급해졌기 때문이다. 갑자기 한반도에서 동서 거리가 가장 짧은 평양과 원산을 연결하는 것이 가장 효율적 방안으로 등장하며 급기야 평원선은 완공이 시급한 노선으로 탈바꿈했다.

실제로 앞의 표를 보면 1939년 이후 갑자기 평원선 건설비 결산액이 급등하는 것을 확인할 수 있다. 완공무용론까지 대두되었던 평원선에 자금이 집중되면서 부설 운동 이후 36년, 의회 승인 이후 20년 끝에 1941년 4월 드디어 완공되었다. 조선철도 중 완공까지 가장 오랜 기간이 걸렸던 평원선은 횡단노선이라는 이유로 일본의 제국주의 정책에서 뒷전으로 밀려났다가 다시 제국주의 침략에 필요하다는 이유로 재소환되었다. 식민지 개발의 성격이 무엇인지 잘 보여 주는 사례라고 할 수 있다.

일제시기 횡단노선에 대해 한 가지만 더 언급하고자 한다.

1910~1920년대 조선총독부의 철도 부설 구상안을 보면 대구-광주, 대구-남원 같은 한반도 남부를 횡단하는 노선이 존재했다. 대구-광주 노선은 1910년대에 부설이 승인되었다는 오보가 나오기도 했다. 당시 지역에서 발행된 삽지들을 보면 내광선(대구-광주), 구남선(대구-남원) 등 횡단노선 부설 여론이 팽배했던 것도 확인된다. 그러나 실제로 실현된 것은 없었다. 철도의 역할 중 하나는 지역 간 거리를 좁혀 교류를 활성화하는 것이다. 만약 20세기 초 근대적 문물로서의 철도 부설 움직임 속에서 한반도 중부·남부를 횡단하는 노선이 실현되었다면, 우리나라의 정치·사회·경제적 동서 간 격차나 반목이 지금과 같은 모습은 아니지 않았을까? 역사에 가정은 없다지만 한 번쯤 상상해 볼 만한 주제인 것 같다.

15
임시방편으로 일관했던 일제시기의 항만 건설

　내륙 교통의 핵심이었던 철도가 수익을 극대화하는 방법 중 하나는 내륙을 넘어 해상 교통과의 연결을 공고히 하는 것이었다. 구체적으로 항만 시설과의 연결을 공고히 해야 했다. 자본주의는 해상 수송을 통해 세계자본주의로 확장되어 전 세계적 유통 체계를 확립할 수 있었기 때문이다. 이러한 특징은 제국주의 국가가 지배했던 식민지에서도 나타났다.

　조선도 마찬가지였다. 인력과 화물을 식민본국이었던 일본으로 실어 나르거나 식민지인 조선으로 수송하는 것뿐만 아니라 일본의 대륙 침략이 본격화되는 시기에는 만주 지역으로 빠르게 연결하기 위해서도 철도와 항만 네트워크의 연결은 중요했다.

　일제시기 항만 건설은 일본의 식민지 경영 및 대륙 침략의 관점에서 수행되었다. 한반도뿐 아니라 대륙 침략까지 수행하는 시작점이었다고 볼 수 있다. 한국에서 근대적 항만 건설이 시작된 것은 1906년 당시 한국 정부 재정고문이었던 메가타 다네타로[目賀田種太郞]가 해관공사기금을 재원으로 진행한 항만 수축 공사였다. 이 공사는 을사늑약 이후 일본이 조선을 식민지로 장악해 가는 과정에서 식민지의 재정 확충을 위해 세관시설을 정비할 목적으로 시행된 것이다. 1910년까지 총 365만 엔을 투입하기로 계획된 이 공사는 주요 개항장 및 개항 예정 항구인 부산, 인천, 원산, 목포, 군산, 청진, 진남포, 신의주 등과 경성에 총 9개 세관을 확충하는 것이 주요 목표였다. 실제로 공사는 3년 연장해 1913년 490만 엔을 투입해 완료되었다.

강제병합된 이후 한반도의 항만 건설 사업은 조선총독부가 국비를 들여 주요 항구를 직접 건설하고, 그 외의 항구는 국고 보조와 지방비 그리

청진항 근해 항로 정박장

- 출처: 帝國大觀, 『躍進朝鮮大觀』, 1938

고 지역 유지들의 기부금 등을 재원으로 지방 재정에서 소화했다. 국비를 들여 건설했던 주요 항구의 경우 원칙적으로는 철도·도로와 마찬가지로 조선사업공채 발행을 통해 재원을 조달하는 것이었는데, 철도와 달리 모든 시기에 일괄적으로 해당되는 사실은 아니었다.

우선 강제병합 이후 첫 번째 항만 확충 계획은 1911년부터 최대 6개년 사업으로 계획되었던 부산, 인천, 진남포, 평양 등의 항만 수축 공사였다. 최초로 조선사업공채 발행 계획에 포함되었던 해당 공사는 총액 8,271,829엔의 사업공채를 발행해 진행되었다. 이어서 1914년부터는 신의주항, 1915년부터는 원산항 등 항만 수축 공사가 시행되었으며, 1917년과 1919년에는 각각 인천항과 부산항에서 제2기 항만 확장 공사가 시작되었다.

1920년대 초반에도 항만 공사는 확대되었다. 특히 1922년에는 조선사업공채 발행 계획을 대폭 확대하면서 함경북도에 위치했던 청진항과 성진항 수축 공사를 시행했다. 그러나 1920년대 중반에 들어서면서 기존 계획은 중지 혹은 연기되었고, 추가 공사 요구도 수용되지 않는 등 차질을 빚었다. 도로 부설 과정에서도 확인할 수 있었던 것처럼 1920년대 일본 경제의 불황과 1923년 관동대지진의 여파가 조선의 항만 공사에도 예외 없이 불어닥쳤기 때문이다.

핵심은 일본 정부가 사업공채 발행을 도쿄의 재해복구에 집중하면서 식민지 개발을 위해서는 허가하지 않았다는 점이다. 그렇다고 한 해에 수백만 엔씩 소요되는 공사 자금을 하루아침에 조선에서의 조세 수입으로 메울 수도 없었다. 일단 기존에 진행되던 사업은 연기될 수밖에 없었다. 아울러 조선총독부가 1923년·1924년에 공채 발행을 요구하고자 했던

1930년대 목포항

- 출처: 仲摩照久 編, 『日本地理風俗大系』, 1930

다사도, 군산, 진남포, 목포항 등의 수축 공사는 대장성에 의해 모두 거부당했다. 일본이 재해 관련 공채를 제외한 모든 사업공채 발행을 중지했으니 식민지인 조선도 그 정책을 따라야 했다.

결국 도로 건설과 마찬가지로 1927년 '12년계획'의 성립과 함께 항만 공사도 1930년대 초반까지 공채 발행으로 자금을 조달하지 못했고, 조선에서의 조세 수입을 중심으로 한 보통재원 조달로 전환될 수밖에 없었다.

1930년대 여수항

– 출처: 仲摩照久 編, 『日本地理風俗大系』, 1930

　당연히 모든 사업은 대폭 연장·축소되었다. 식민지에서 독자적인 국토 개발은 불가능한 명제였다. 공채 발행 중단의 여파는 1930년대 전반까지 이어졌다. 1920년대에 세웠던 계획은 재원 부족으로 1930년대 중반까지 공사가 늘어졌다.

　1930년대 후반이 되자 상황이 다시 바뀌었다. 이유는 간단했다. 제국주의가 식민지의 항만시설 확충을 원했기 때문이다. 일본은 대륙 침략이 본격화되자 조선의 항만 건설을 위한 사업공채 발행을 다시 허용했다. 1935년 이후 이루어진 나진, 여수, 성진, 다사도 등의 항만 공사, 인천, 부산항 등에서 이루어진 추가 확장 공사는 재원 조달 방안의 변화 속에서 이루어졌다.

1940년대 조선에서 행해진 항만 공사는 한 차례 더 변화를 보이는 데 겉으로 보이는 양상은 다르지만 원인은 같았다. 1941년 말부터 태평양 전쟁 발발로 일본의 주요 전장이 중국에서 동남아시아로 바뀌자 중국에 있던 군수물자를 조선철도를 통해 일본으로 빠르게 수송하는 일이 중요해졌다. 그러자 항만 공사도 군사적 측면에서 효율성이 떨어지는 지역은 중지하고 종착지인 남해안의 부산, 마산, 여수, 삼천포항 등과 동해안의 나진, 청진, 성진, 원산, 묵호항 등의 항만시설 확충에 집중하도록 방향이 정해졌다. 하지만 전황의 악화로 인한 물자 부족과 조달난으로 공사는 계획대로 추진되지 못한 채 해방을 맞이했다.

끝으로 일제시기 부산, 인천, 청진, 원산 등 주요 항만 건설에 투자된 자금을 살펴보면 1943년 말까지 1억 4,700만 엔 정도였다. 이 중 부산항 수축에만 5,000만 엔, 인천항 수축에 1,800만 엔이 투자되어 대략 전체의 절반을 차지했다. 결국 식민지에서의 항만 개발은 국토의 균형 발전이라는 관점보다는 식민지 경영과 대륙 침략이라는 목적에 초점을 맞추어 진행된 지역 편중적 성격의 개발이었다고 할 수 있다.

16

식민정책에 발맞춰 변화했던 조선총독부 명령항로

항로는 한마디로 배가 다니는 길로 해상 운송의 통로를 의미한다. 그중 일부를 명령항로로 지정하는데 정부가 정치·경제상 필요로 해운업자에게 보조금을 주거나 세금을 면제해 주는 특권을 주면서 경영을 명령하는 항로를 의미한다. 일제시기에도 조선총독부가 지정한 명령항로가 10~20여 개 존재했으며 시기마다 지정된 명령항로가 달랐다. 명령항로의 변화를 통해 일제시기 식민정책의 변화를 엿볼 수 있다.

명령항로를 지정하고 취소하는 업무는 조선총독부 체신국(1912년 3월 이전에는 통신국이었다가 개칭) 해사과가 담당했다. 체신국 해사과 주관하에 개설·경영된 조선총독부 명령항로는 1912년 4월 제1기 명령을 시작으로 해방될 때까지 총 19회에 걸쳐 갱신되었다. 〈표 5〉를 보면 명령항로 성격별 변화가 보인다.

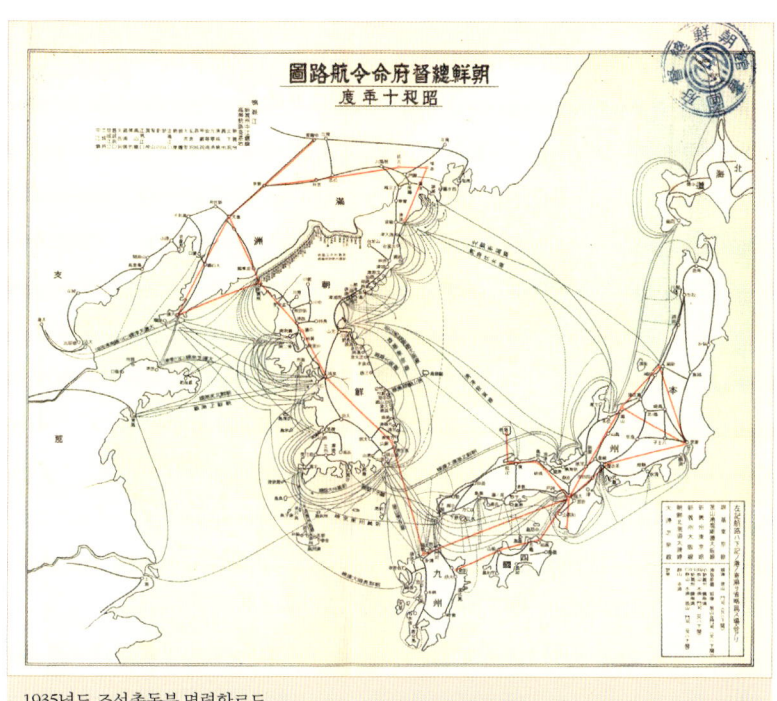

1935년도 조선총독부 명령항로도

- 출처: 朝鮮總督府遞信局, 『朝鮮遞信事業沿革史』, 1938

〈표 5〉 조선총독부 명령항로 일람

(단위: 개)

명령 기간		명령항로(보조)					명령항로 (무보조)
		근해	연안	하천	기항	합계	
제1기	1912. 4.~1915. 3.	0	9	2	0	11	0
제2기	1915. 4.~1920. 3.	1	11	2	0	14	0
제3기	1920. 4.~1925. 3.	5	9	5	1	20	0
제4기	1925. 4.~1930. 3.	8	8	3	2	21	0
제5기	1930. 4.~1931. 3.	8	7	2	2	19	0
제6기	1931. 4.~1932. 3.	8	3	2	4	17	0
제7기	1932. 4.~1933. 3.	8	2	2	4	16	0

제8기	1933. 4.~1934. 3.	9	2	2	4	17	0
제9기	1934. 4.~1935. 3.	9	2	2	4	17	0
제10기	1935. 4.~1936. 3.	11	2	2	2	17	0
제11기	1936. 4.~1937. 3.	11	2	2	2	17	0
제12기	1937. 4.~1938. 3.	12	2	2	4	20	0
제13기	1938. 4.~1939. 3.	12	2	2	7	23	0
제14기	1939. 4.~1940. 3.	14	2	2	6	24	0
제15기	1940. 4.~1941. 3.	10	2	1	7	20	0
제16기	1941. 4.~1942. 3.	10	2	1	7	20	3
제17기	1942. 4.~1943. 3.						
제18기	1943. 4.~1944. 3.						
제19기	1944. 4.~1945. 3.	2	3	1	0	6	0

출처: 조선총독부 체신국,『조선총독부체신연보』, 각년판 ; 조선총독부,『조선총독부통계연보』, 각년판 ; 조선총독부 체신국, 『조선의 해운』, 1920 (하지영,「조선총독부 해운정책과 朝鮮郵船株式會社의 항로 경영」, 동아대학교 사학과 박사학위논문, 2018, 39쪽에서 재인용).

 제1기 명령항로가 1912년 4월 1일부터 3년을 기한으로 지정된 이후 제4기까지는 5년 단위로 갱신되었는데 1930년 제5기부터는 1년 단위로 기한이 줄었다. 세계 대공황, 만주사변 등을 겪으며 조선을 둘러싼 항로 정책의 변동성이 심해졌기 때문으로 해석된다. 항로의 성격별로 살펴보면 1930년 이전까지는 조선 내 연결에 속했던 연안 항로와 하천 항로가 더 많은 수를 차지했지만 1930년 이후에는 조선과 일본 혹은 조선과 외국을 연결하는 근해 항로가 압도적으로 많이 지정되었다.

 제1기 명령항로는 조선의 하천 항로와 연안 항로만 지정되었다. 부산-웅기선 등 9선의 조선 연안 항로를 조선총독부 명령항로의 최대 사업자였던 ㈜조선우선이 독점 경영토록 하였고, 대동강과 금강, 압록강 등의

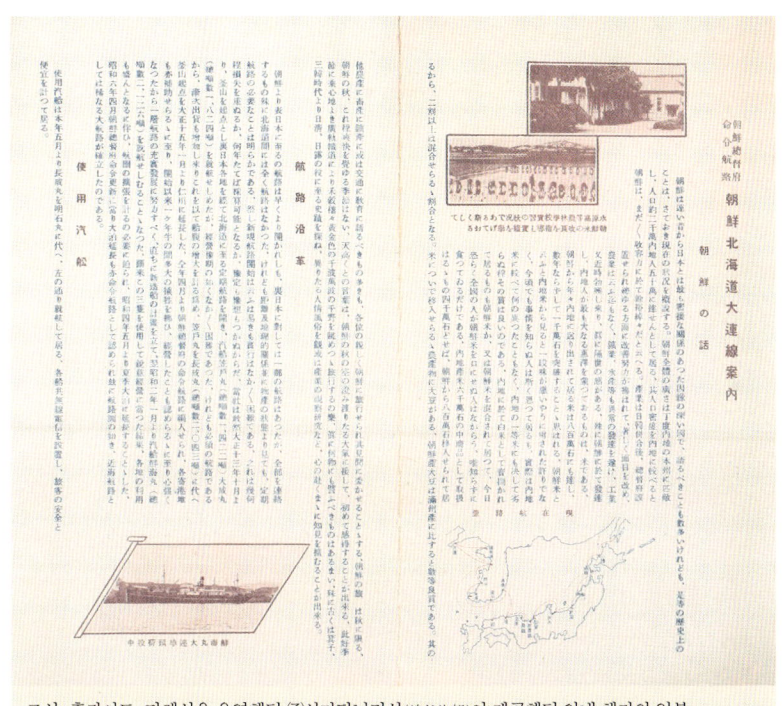

조선-홋카이도-다롄선을 운영했던 ㈜시마타니기선(嶋谷汽船)이 제공했던 안내 책자의 일부
- 출처: 嶋谷汽船株式會社, 『定期航路朝鮮北海道大連線案內 朝鮮之卷』, 1931(추정)

하천 항로를 개설해 모두 일본인 자본이 경영토록 했다.

 제2기에는 원산-블라디보스토크선, 청진-쓰루가선 등 근해 항로로 확장되었는데, 근해 항로에 대한 집중도는 제3기 이후 점차 높아졌다. 일제시기 조선의 최대 무역지였던 오사카·고베로 가는 한신 항로와 조선-도쿄선을 개설해 일본과의 연결을 충실히 하는 한편, 조선-북지나선, 조선-상하이선 등 중국 항로를 개설해 중국과의 무역 확대에 대비했다. 또한 조선-나가사키-다롄선, 조선-홋카이도-다롄선 등과 같은 조선-일본-중국 간의 연락 항로도 지정했다. 특히 연안 항로와 한신 항로를 연

부산잔교에 도착한 창경환. 창경환은 1923년 부관연락선으로 처음 운항을 시작했으며, 1945년 미국의 공격에 침몰되었다.
- 출처: 국토교통부 외, 『2019 사진으로 보는 新한국철도사』, 국토교통부 외, 2019, 76쪽(『사진으로 보는 해방이전의 철도역사』 수록)

결해 진남포-인천-군산-목포-부산-고베-오사카를 거쳐 갔던 노선은 조선에서 생산된 쌀을 주로 수송했다. 1920년대 조선총독부의 대표적인 경제 정책이었던 산미증식계획을 지원하는 노선이었다. 즉, 조선총독부는 일본으로의 미곡 이출을 원활히 하고자 운송회사에 보조금을 주었던 것이다.

제5기 이후 조선총독부는 조선 산업 개발, 전시 물자 수송 원활화, 내선일체 구현이라는 목표 아래 대대적인 항로 변경을 시도했다. 연안 항로를 대폭 축소했고, 중국 항로를 증설해 대중국 수송력을 늘리는 데 주력했다. 말할 것도 없이 만주사변 이후 대륙 침략이 본격화되면서 해운 측면에서 이에 대응한 것이다. 일본과 연결된 항로와 관련해서는 조선 북부 지역 개발과 만주사변 이후 일본이 만주에 세웠던 만주국과의 거래 확대를 위해 동해 횡단 항로를 늘렸다. 1935년도 조선총독부 명령항로도는 이러한 변화를 잘 보여 주고 있다. 이 외에 부산-하카다선, 여수-시모노세키선 등을 신설했다.

1930년대 조선총독부 명령항로의 변화는 앞서 다뤘던 철도 정책과 연결해 생각하면 이해가 쉽다. 여수-시모노세키선은 1935년 광주-여수 간을 운영했던 사설철도 ㈜남조선철도를 매수해 여수에서 광주 또는 전주를 거쳐 대전으로 올라가는 새로운 종관노선을 구축한 것과 연결되어 있다. 또한 동해 횡단 항로 증설은 1930년대 일본 정부와 조선총독부가 추진했던 북선 루트와 북선 3항 구축과 직접적으로 연결된다. 결국 1930년대 조선의 해운과 철도는 모두 일본이 대륙 침략을 본격화하는 움직임과 직접 연결되어 운영되었다고 볼 수 있다.

식민지에서 진행되었던 개발을 살펴볼 때 그것이 왜 진행되었는지를 면밀히 분석해야 할 필요가 여기에 있다. 1930년대 조선 개발의 원인은 단순히 제국주의 국가의 식민지 투자가 아니라 제국주의 국가의 침략 정책의 한 부분이었다고 설명하는 것이 사실에 부합할 것이다.

17

전쟁과 병참 수송, 조선 교통망의 마비

　일제시기 내내 일본이 조선에 철도와 항만을 건설하고 운영하며 설정했던 가장 중요한 목표는 경부선·경의선과 부관연락선 등을 통해 일본과 만주를 빠르게 연결하는 것이었다. 이러한 목표는 일본의 만주 침략이 감행된 1931년 이후 병참 수송 요구가 증대됨에 따라 확대되었고, 1937년 중국 본토 침략을 개시하며 급증했다.

　수송 수요의 급증에 대한 대응은 단순히 노선 증설에 한정되지 않았다. 일본은 중일전쟁을 앞두고 있던 1936년에 경부선과 경의선 복선화 등 병참 노선을 강화하는 철도 개량에 착수했다. 복선화는 선로를 두 가닥 이상 놓아 열차가 양방향으로 동시에 다닐 수 있도록 하는 공사를 말한다. 1919년부터 철도 성능 개선을 위한 대표적인 개량으로 경부선·경의선의 복선화 필요성이 제기되었지만, 대장성의 불허로 시행되지 못하고 있었다.

그러나 중국 침략이 본격화되자 일본은 1936년 5월에 1억 8천여만 엔의 예산을 통과시키면서 경부선 복선화 공사에 착수했다. 경부선 수원-군포 구간을 시작으로 영등포-대전(1939년 6월), 부산진-삼랑진(1940년 3월), 대전-초량(1944년 10월) 구간이 잇달아 준공되었다. 경의선 복선화도 1938년 6월부터 착수해 서울-평양(1942년 4월), 평양-신의주(1943년 5월) 구간이 차례로 준공되었다. 대구-지천(1944년 12월 28일) 구간 복선화가 완료된 후 1945년 3월 1일 경부선·경의선 복선화 준공식이 열렸다. 이처럼 조선철도 복선화 개량은 대륙 침략용 수송 노선 강화를 위해 경부선·경의선에 집중되었다. 반면에 다른 노선의 복선화 개량은 매우 부진했다. 경인선의 경우 서울, 인천 등 도시의 발달로 수송량이 폭증하면서 복선화 요구가 빗발쳤지만, 전시 수송에 필요한 경부선·경의선 개량 공사에 밀려 끝내 무산되었다. 타이완이 비교적 짧은 기간에 복선화 개량을 완성한 것과 대조를 이룬다.

조선철도의 종관철도망 집중 정책은 열차 시간표에서도 드러난다. 경부선·경의선의 경우 우등 열차와 장거리 열차의 발착 시간이 조선 내 수송보다 일본에서 오는 부관연락선의 발착 시간에 맞춰져 있었다. 예를 들면 1935년 열차 시간표에 따르면 부산발 급행 '히까리'의 경우 경성 도착 시간은 오전 3시 5분이었다. 만약 경성에서 신의주나 만주의 창춘 등으로 급행을 이용해 가려고 했다면 새벽에 일어나 경성역으로 가야 했다. 조선 내에서의 교통 기능보다는 일본에서 만주로의 연락 수송에 집중했던 교통정책의 한 단면이었다.

끝으로 모든 자원과 여력이 종관노선 다각화와 수송량 극대화에 투입된 조선철도가 실제 전시 상황에서 병참 노선 역할을 무리 없이 수행했으며, 병참 수송으로 인해 일반 수송의 피해는 없었는지 살펴보겠다.

1937년 중일전쟁이 전면화하면서 조선총독부 철도국은 일본의 철도 동원 계획에 따라 대륙 침략을 위한 집중 군사 수송을 담당했다. 조선총독부 철도국은 임시열차 운용 태세에 들어가 약 2개월간 3회에 걸쳐 병력 약 16만 명, 군마 약 4만 5천 필, 기타 군수품의 집중 수송을 수행했다. 이로 인해 여객과 화물 수송에서 혼잡과 체화(수송이 부진해 화물이 밀린 상태)가 대량 발생해 연말에는 30만 톤에 달할 정도였다. 도시에서는 경성-인천 간, 평양-진남포 간, 대구-포항 간 일반 물자의 예외적 수탁(타인의 물건을 맡아주는 것) 등을 조처했지만, 체화로 인한 물자 부족은 피할 수 없었다. 군사 수송에 의한 전면적인 수송 제한은 일시적이라고는 하지만, 자원 배분이라는 철도의 경제적 기능을 저해했다. 게다가 가솔린과 선박 부족으로 인해 자동차 운송과 해운업 운임이 상승하면서 상대적으로 철도 운임이 저렴해져 더욱 철도 교통으로 수송 수요가 집중되었다.

병참 수송과 일반 수송이 동시에 늘어나면서 종관노선 위주로 노선을 늘리고 개량을 단행했던 일본 제국주의의 조선철도 운영은 한계를 드러냈다. 여러 원인이 있었지만, 횡단노선 구축이 부실했던 것도 주요 이유였다. 종관노선이 일본에서 만주로 병참 수송에 집중하는 동안 종관노선을 피해 조선 경제를 순환시킬 물자를 무리 없이 수송해 줄 대체 노선이 부재했다. 대체 노선은 종관노선 이용을 최소화할 수 있는 횡단노선을 의미했다.

예를 들어 조선 북부의 경우 서쪽의 평양에서 생산되는 석탄과 시멘트를 함경북도 청진으로 수송하거나, 함경남도 흥남에 있던 ㈜조선질소가 생산하는 비료를 전국에 배급해야 하는데 동서 간 물자를 이동하려면 경

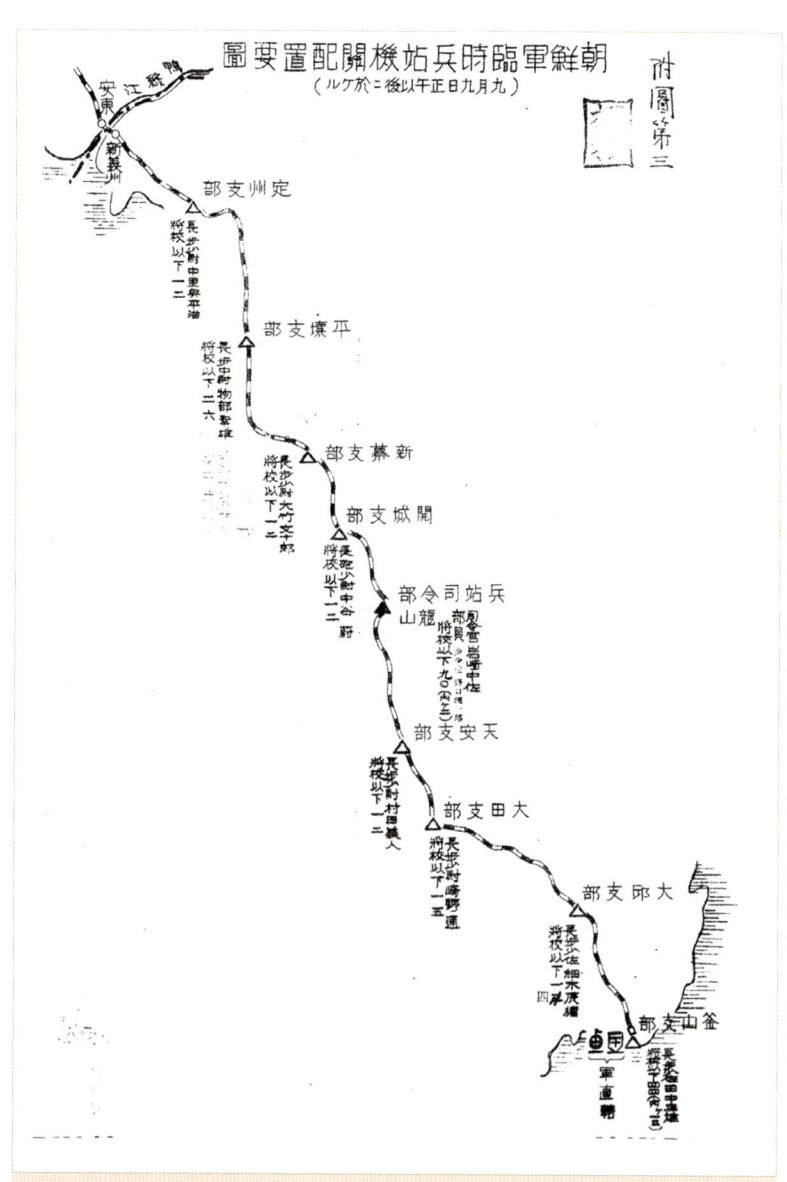

1937년 9월 8일~28일 진행된 병참 수송에 관한 업무상보에 수록된 조선군 임시병참기관 배치 요도
- 출처: 「内地動員部隊第3次鮮内鉄道輸送に伴う兵站業務実施詳報の件」, 防衛省防衛研究所所蔵 陸軍省-陸支機密大日記-S12-7-94

부선이나 경원선 같은 종관노선을 우회해야 하므로 경제적 비용이 높아진다는 불만이 터져 나왔다. 일본과 조선총독부가 뒤늦게 평원선 완공에 뛰어들었던 이유이기도 했다. 하지만 전쟁이 장기화되면서 물자 통제가 더욱 강화되었고, 철도 건설 및 개량도 계획대로 시행되지 못했다. 수송되지 못한 채 밀려 있는 화물은 일상이 되었다.

설상가상으로 1941년 12월 일본의 태평양전쟁 도발 이후 전선이 동남아시아까지 확장되고 미국까지 참전하자 물자 부족은 더욱 심각해졌다. 특히 미국의 어뢰 공격으로 부산과 시모노세키를 잇는 조선-일본 간 항로가 정상적으로 운영되지 못했다. 사실상 해상 운송이 마비된 것이다.

해상 수송의 중단은 조선철도 운영에도 직격탄을 날렸다. 당시 철도의 주요 연료였던 석탄은 대부분 일본과 만주에서 들여오고 있었다. 조선철도는 철도 연료로 대부분 유연탄을 사용하였는데 한반도에 매장된 석탄은 휘발성이 낮은 무연탄뿐이었다. 즉, 조선-일본 간 해상 운송의 마비는 조선철도를 움직일 연료마저 사라지게 했다.

조선철도 연료로 무연탄 사용을 장려하는 연구회 기사
 - 출처: 朝鮮鐵道協會, 『朝鮮鐵道協會誌』, 1943.11, 8쪽.

방법은 철도 연료로 부적합했던 무연탄을 사용하는 것뿐이었다. 조선총독부는 무연탄을 연료로 사용하는 방법을 연구해 발표할 것을 독려했다. 마치 돌을 금으로 만들고자 했던 중세 유럽의 연금술사를 20세기에 찾고 있는 촌극이었다. 제국주의 침략 전쟁이 만든 우스운 상황이었다. 부적합한 연료를 사용한 결과는 잦은 고장으로 인한 수송력 감퇴, 빈번한 철도 사고에 따른 인명피해로 이어졌다. 연료 사례에서 볼 수 있듯이 1940년대 일본 제국주의가 벌인 전쟁이 파국으로 치달을수록 조선철도 운영은 파탄에 이르렀다. 해방 직후 한국 철도망이 사실상 마비 상태에 빠지게 된 원인도 여기에 있었다.

18

철도역에서 내 집까지

식민지의 소운송업

 개인의 관점에서 근대 교통을 체감할 수 있는 가장 쉬운 방법은 무엇일까?

 내가 주문한 물건이 내 집 앞으로 오거나 집 앞에서 바로 버스를 탈 수 있는 대중교통의 확립을 들 수 있다. 즉, 식민지배의 첨병은 철도와 증기선이었지만 그것만 연결한다고 해서 그 시대를 살았던 개인과 교통의 직접적 연결이 완성되는 것은 아니다. 결국 사람이든 화물이든 철도역에 내려 원하는 곳에 도착하려면 도로를 달릴 운송수단이 필요하다. 일제시기에 이러한 역할을 했던 운송수단이 바로 소운송업이다. 소운송이란 철도나 선박에서 내려진 화물이나 사람을 원하는 곳까지 보내는 일체의 운송을 의미한다.

 원래 한국의 운송업은 객주나 여각에서 겸업해 운영했다. 이들은 해운과 강운(江運)에 의존했기 때문에 주로 항구나 포·진에 자리 잡고 있었다.

그러나 철도가 개통되면서 기존 운송체계에 큰 변화를 가져왔다. 객주와 여각은 쇠퇴하거나 철도역으로 자리를 옮겨 운송업, 위탁판매업, 중개업 등으로 분화했다.

소운송업도 신용관계나 자본 측면에서 일본인 업자가 압도적으로 유리했지만, 철도보다 소규모 자본으로 운영할 수 있었기 때문에 조선인 업자의 활동도 적지 않았다. 일본은 자본과 신용이 부족한 운송점의 과당경쟁이 식민지 지배에 지장을 준다고 생각했다. 이에 통감부 철도관리

1907년 ㈜내국통운 경성지점 사무소

- 출처: 朝鮮運送株式會社, 『朝鮮運送株式會社十年史』, 1940

국은 식민지배 이전부터 일본의 유력업자였던 ㈜내국통운의 한국 진출을 추진했다. 1907년 4월 25일 ㈜내국통운이 한국에 진출하자 통감부는 주요 철도역에 지점, 출장소, 화물 취급소, 영업소 등을 설치하도록 하고, 대신 용지를 저렴하게 대여하고 철도국 용품 취급을 위탁하는 협정을 체결했다. ㈜내국통운은 특혜를 바탕으로 영업망을 빠르게 확장했다.

조선총독부는 1920년대 후반 경제 상황이 악화되자 소운송업에 대한 지배를 강화했다. 1929년 11월에는 조선국유철도지정운송취급인규칙을 공포해 기존에 승인했던 운송점들을 폐지하고 조선철도의 화물을 운송할 독점 운송인을 선정하겠다고 밝혔다. 당시 교통 네트워크 구조상 소운송업은 철도역을 기점으로 운영되었는데 사실상 소운송업의 독자적

㈜조선운송 경성지점
— 출처: 朝鮮運送株式會社, 『朝鮮運送株式會社十年史』, 1940

발전을 막고 조선총독부 철도국의 통제를 강화하는 방안이었다. 또한 기존에 난립해 있던 회사들을 합병해 조선총독부가 직간접적으로 관여할 수 있는 대형 운송회사 설립을 염두에 둔 것이었다. 조선총독부의 의도는 일정 부분 성공을 거둬 소운송업계는 일부 세력을 제외하고 1930년 4월

㈜조선운송 대전·공주·경성·순천 트럭 영업사무소
 - 출처: 朝鮮運送株式會社, 『朝鮮運送株式會社十年史』, 1940

1일 합동회사인 ㈜조선운송으로 합병되었다.

그러나 조선총독부의 의도와 달리 ㈜조선운송은 조선의 소운송업을 완전히 장악하지 못했다. 1930년대 전반 만주사변을 계기로 한국의 유통업이 활성화되면서 ㈜조선운송의 합동에 참여하지 않았던 군소 운송점들에 경쟁력이 생겼기 때문이다. 일본의 제국주의 침략이 오히려 조선총독부의 소운송업 장악력을 약화시킨 것이다. 인간의 삶을 함부로 예측할 수 없듯이 제국주의의 식민지 지배도 깊이 들어가면 쉽게 예측할 수 없는 변화의 연속이었다.

경쟁력을 갖춘 군소 운송점 중에는 힘겹게 생존했던 조선인 운송업자도 존재했다. 하지만 1937년 중일전쟁이 발발하자 이들의 생존은 더 이상 보장되지 않았다. 이른바 국가총동원법(1938년 4월 1일 제정)에 따라 전쟁만을 목표로 한 '총동원체제'가 시작되면서 산업 전반에 대한 통제가 강화되기 시작했다. 자유업에 속했던 소운송업도 통제 대상이 되었다. 조선총독부는 조선소운송업령(1939년 11월 9일 제정, 1940년 1월 15일 시행)을 공포하고 소운송업 통제를 강화했다.

이 법령의 골자는 소운송업을 면허제로 바꿔 군소업자를 도태시키고, 새로운 사업자의 진출을 막으며, 인가받은 업자만 통제하겠다는 것이었다. 사실상 ㈜조선운송에 소운송업 독점권을 부여하는 처사였다. 당시 2천여 점에 달하던 소운송업자 중 ㈜조선운송 산하의 770점을 제외한 군소업자들은 영업권을 매도해야 했다. 이들은 강하게 저항했지만 1941년 2월이 되자 대부분 정리되었다. 22개 주요 도시에만 ㈜조선운송과 기타 운송회사를 병존하도록 했고, 나머지 역에는 ㈜조선운송만 두도록 했다. 그리고 ㈜조선운송과 기타 회사를 병존하도록 허용했던 22개 도시에서도 19개 도시는 ㈜조선운송 자본이 과반을 점하게 했다. 결과적으로 조선 내 육상 교통 네트워크를 ㈜조선운송과 조선총독부 철도국이 장악하게 되었다. 흔히 이야기하는 자유로운 시장경쟁을 통한 자본주의 발전과는 다른 양상이었다. 조선의 특수한 결과라기보다는 제국주의가 식민지에 만들어 낸 교통 네트워크의 일반적인 모델이자 실상이었다.

19

부실과 차별
일제시기 철도 교육의 키워드

　지금은 국립한국교통대학교 내 철도대학으로 통합되었지만 2011년까지 철도 인력을 양성하던 한국철도대학이 있었다. 철도 분야의 전문 지식과 기술을 독립적으로 가르치는 고등교육기관으로 그 뿌리는 1905년 5월 인천의 옛 전환국 자리에 설치한 철도이원양성소를 기원으로 한다. 이는 러일전쟁 막바지에 일본 육군 임시군용철도감부가 세운 것으로 병참 업무를 담당할 철도 인력을 속성으로 양성하는 것이 목적이었다.
　한국인의 철도 교육기관 설립 시도가 없었던 것은 아니다. 단편적인 자료밖에 남아 있지 않지만 철도 부설권 확보에 힘썼던 한국인 박기종, 서오순 등이 독자적인 교육을 시도했다.
　『황성신문』 기사는 1905년 5월 18일 장동(지금의 남대문로 3가, 충무로 1가, 회현동 1가가 걸쳐 있는 곳)에서 개교한 사립철도학교를 소개하고 있다. 이 학교는 박기종과 고관들이 세운 것으로 개교 이래 1년 2개월간 15명의 졸

사립철도학교 기사

— 출처: 『황성신문』, 1900년 5월 22일 자

업생을 배출한 것이 확인된다. 사립철도학교가 개교한 7개월 후인 1900년 12월에는 서오순이 중심이 되어 국내철도운수회사양성학교도 개교했다. 계절별 시험 일정을 보도할 정도로 나름의 체계를 갖추고 있었던 것으로 보인다. 그러나 두 학교 모두 러일전쟁을 기점으로 일본이 철도 부설권을 장악하면서 신문지상에서 언급이 사라졌다. 일본이 전쟁에 필요한 수송 수단이라는 명목으로 한반도 철도 장악을 본격화하면서 한국인이 주도했던 철도 인력 양성도 동력을 잃었던 것으로 보인다.

조선총독부 운영 철도도서관 겸 경성철도학교 기숙사 전경

- 출처: 『朝鮮』(朝鮮總督府, 1925.)

1920년 경성철도학교 전경

- 출처: 국토교통부 외, 『2019 사진으로 보는 新한국철도사』, 국토교통부 외, 2019, 76쪽(한국철도공사 제공)

철도학교의 민족차별 비판 기사

- 출처: 『동아일보』, 1924년 3월 15일 자

러일전쟁 전후로 한반도 철도망의 모든 노선을 장악한 일본은 앞서 언급한 철도이원양성소를 설립해 4개월 미만의 단기교육을 실시했다. 통감부가 설치된 이후 철도이원양성소는 용산으로 이전해 통감부 철도관리국 운수부전신수기생양성소로 개칭되어 운영되었다. 여전히 단기교육 과정으로 중학 2학년 정도(15~25세 미만)의 학력자를 모집해 5개월간 교육한 후 철도종사원으로 채용했다. 일본인 교사가 일본어로 교육하는 기관이었다.

일본인 중심의 단기교육만으로 진행하던 조선총독부의 철도 인력 양성은 1915년 4월 이후 4년여간 중단되기도 했다. 그러다가 만철이 조선 철도를 위탁 경영하기 시작한 이듬해인 1919년 4월에 보다 본격적인 철도 인력 양성기관인 경성철도학교를 설립했다. 경성철도학교는 정규 학제를 도입해 3년제 본과[역무과, 운전과, 토목과(토목과는 1923년부터)] 외에 단기교육 과정인 별과로 1년 과정의 도제과, 6개월 과정의 전신과, 현직 종사자의 재교육 과정(강습과)까지 마련했다.

본과 지원 자격은 고등소학교 졸업자였다. 지금의 초등교육기관 중 하나인 고등소학교는 6년제로서 조선어 교육을 병행하는 보통학교와 달리 일본어로만 교육이 진행되기 때문에 거의 모든 학생이 조선에 사는 일본인이었다. 지원 자격에서부터 일본인 위주로 진행하겠다는 점을 선언한 것이었다.

왜 그랬을까? 무료인 학비부터, 당시 최고의 과학기술 산업의 하나였으며, 관료로 인정받는 조선총독부 철도국 입사라는 특혜가 보장되는 점을 이유로 들 수 있다. 하지만 철도가 전시 상황에서 병참 업무, 즉 병사와 군수물자를 수송하는 수단이기 때문에 운전이나 정비 등에 신뢰할 수 없는 조선인 배치를 꺼렸던 것이 핵심적인 이유였다.

1925년 3월까지 유지된 경성철도학교는 졸업생을 1,509명 배출했는데 그중 조선인은 161명(10.7%)에 불과했다(일본인은 1,348명, 89.3%). 특히 정규 학제라고 할 수 있는 본과의 경우는 더욱 심했다. 1919년 4월 1일 개교 당시 입학생(229명) 가운데 조선인은 본과인 역무과(50명)에는 없었고, 운전과(49명)에 단 1명이 있었다. 단기과정인 별과 중 전신과(34명)에 8명, 도제관(96명)에 40명이 있을 뿐이었다.

철도학교 입학 과정에서 노골적인 민족 차별이 계속되자 『동아일보』는 장문의 기사로 경성철도학교의 조선인 배제정책을 두고 조선인 아동을 "부려먹는 데만 쓰려는 잔혹한 차별정책"이라고 비판했다. 하급 직공으로 나가는 도제과에만 조선인 학생을 뽑을 뿐 장차 역이나 기차의 중요한 직무를 맡게 되는 본과의 경우 700~800여 명이나 되는 조선인 지원자 중 시험지는 보지도 않고 재산가의 자녀인 듯한 한두 명만 뽑았으며, 그것도 5년간 6명에 불과하다고 비판했다. 이런 사정도 모른 채 지방에서 올라온 조선인 학생들은 눈물을 흘리면서 돌아갈 뿐이었다. 이후 조선총독부는 조선철도를 직영으로 환원하고, 경성철도학교를 철도종사원양성소로 개편했다. 그러나 1933년 조선인 합격자는 운전과 20명 중 2명, 업무과 20명 중 5명에 불과했다.

한편, 1934년 4월부터는 본과 학생모집 자체가 중지되어 철도 전문 정규 중등교육 과정이 폐지되었다. 경성철도학교 설립 이전처럼 단기 강습 위주로 돌아가 버렸다. 그런데 1930년대는 일본의 만주 침략이 본격화되면서 조선철도의 수송량이 급증했던 시기다. 자연히 철도 인력 증원이 필요한 시기에 철도 업무 중에서도 고급 인력을 육성하던 본과 교육을 폐지한 것은 실책이었다. 일본은 인력을 수급하려 노력했지만 역부족이었다. 더구나 1937년 중일전쟁을 일으킨 이후에는 일본인 남성은 징병 대상이었기 때문에 그나마 남아 있던 일본인 고급 인력마저 사라져 버렸다. 총구를 자신들에게 겨눌 수 있다는 두려움 때문에 징병하지 않았던 조선인들이 그 자리를 메웠지만 오랜 기간 고급 기술 교육의 대상이 되지 못했던 조선인들에게는 무리한 과업이었다. 차별적인 교육을 실시했던 조선총독부는 제 꾀에 제가 넘어간 격이 되었다. 철도 사고의 급증은 필연이었다.

1941년 4월에 부랴부랴 본과를 부활하고 다시 정규교육을 시행했지만 때는 이미 늦은 상황이었다. 일본인들의 입영으로 생긴 공백이 조선인들로 채워졌다. 전시체제에 들어서며 조선철도 인력의 조선인 비중이 급증했지만, 고급 기술을 습득한 철도 종사원은 아니었다. 그 결과 해방 공간에서의 철도 운영은 큰 혼란을 겪을 수밖에 없었다.

20

장터의 흥망도 좌우했던 철도망

근대 교통은 이전과는 비교할 수 없을 정도로 일일생활권을 늘려 주었다. 때문에 근대 이전에 형성되어 있었던 지역 네트워크도 근대 교통이 도입되자 지역민의 의사와 무관하게 변화를 겪었다. 한국에서 그 변화상을 가장 잘 보여 주는 소재가 장시라고 불렸던 장터다. 한반도에 정기시장은 15세기 후반에 처음 출현했으며, 18세기 무렵부터 5일장으로 정착했다. 외국의 경우 정기시장이 산업화 이후까지 계속 유지되거나 발달하는 사례는 드물다.

한국의 근대사에서 장시의 형태를 크게 변화시킨 요인 중 하나가 철도 부설이다. 다른 교통망과 달리 철도는 도로 부설이나 도시화 등과 연계되면서 많은 지방에서 장시를 신설·확장·이전할 요인을 만들었다.

장시 신설의 경우 조선 제일의 소비지였던 경성과 인접한 지역에서 확인된다. 경기도 시흥군 서이면에는 1926년에 안양장이 신설되었다. 경부

1922년 촬영된 함흥시장
— 출처: 『朝鮮咸鏡南道事情』(岩手縣 奧州市立齋藤實記念館)

『Chosen in picture』에 담긴 조선인 마을의 장날 풍경
— 출처: 『Chosen in picture』(岩手縣 奧州市立齋藤實記念館)

선 철도역이 설치된 지 20년이 지나자 교통이 편리하고 물산도 상당해 장차 발전의 여지가 충분하다며 장시를 신설했다. 철도역이 설치되고 지역이 번성하자 장시를 설치한 경우다. 반대로 지역 쇠퇴를 저지할 목적으로 장시를 설치하기도 했는데 역시 철도와 관련이 깊었다. 경의선이 부설된 이후 철도와 거리가 있었던 평안북도 박천군 박천면 남호동은 나날이 피폐해져 2백여 호의 주민들은 살길이 막막했다. 이에 지역 유지 한병로, 김태겸 등이 자금을 내어 1925년 9월부터 장시를 개설하고 각종 물화를 교역하는 한편, 더 많은 장꾼을 모으기 위해 경품권까지 나눠 주었다. 지역의 경제적 흥망이 철도교통에 좌우되는 상황을 잘 보여 준다.

철도 부설은 기존 장시의 성장과 쇠퇴에도 영향을 끼쳤다. 경부선과 경의선 개통 영향이 표면화하기 시작했던 1910년대에는 황해도 사리원장, 평북 정주군 곽산장과 선천 읍내장, 강원도 평강장 등이 물자집산 급증과 더불어 크게 발달했다. 반대로 경기도 장호원장과 충청도 광혜원장, 괴산 읍내장, 경남 김해 읍내장, 평남 순천 신창장, 강원도 철원군 읍내장 등은 장세가 위축되었다. 모두 철도와는 거리가 먼 지역에 있었던 장시였다. 장시 발달이 더디고 물자교역이 상대적으로 취약했던 북부 지방의 성장과 비교적 안정적인 장시 체계가 형성되어 있던 남부 지방의 정체 또는 쇠퇴가 대조를 이뤘다.

소규모 장시 중에서 철도가 부설되고 도로가 새로 개설되면서 주요 교통로에서 배제되어 폐지되는 시장도 나타났다. 폐지까지는 아니더라도 철도역 주변이 중심지로 성장함에 따라 거래가 부진해진 장시들도 적지 않았다. 예컨대, 충남 아산군 선장시장은 하나의 작은 포구에 불과했으나 사설철도인 ㈜조선경남철도 노선의 주요 역이 되면서 시장도 번창할 것으로 기대되었다. 그러나 인근의 도고면 신언리에 선장역이 설치되자 오히려 선장시장이 쇠퇴했다.

지역 내에서도 철도가 지나는 마을과 지나지 않는 마을 사이의 성쇠를 뒤바꾼 경우도 존재했다. 함경남도 정평군 정평 읍내장은 18세기에 작성된 『동국문헌비고』에서도 확인될 만큼 역사가 깊은 장시였다. 철도 부설은 이 지역의 지형을 바꿔 놓았다. 정평군에는 군을 남북으로 관통하는 함경선이 개통되면서 신상역, 부평역, 정평역 등이 설치되었다. 1910년대 정평군에는 파춘장(뒤에 신상장으로 명칭 변경, 춘류면), 읍내장(정평구장, 부내면), 초원장(장원면), 선덕장(선덕면) 등 4개소의 장시가 개설되었는데 그중에서도 파춘장(신상장)은 신상역 설치 이후 이 일대에서 생산되는 농산물이 거래되는 최대 시장으로 성장했다. 신상장의 성장은 수치로도 나타나는데, 1916년 임시 토지조사국 조사 당시에는 정평 읍내장의 규모와 비슷했지만, 1928년에는 연간 거래액이 1백만 엔을 초과하는 대시장이 되었다.

한편 정평군 정평읍에는 1910년대까지 정평 읍내장만 개설되었지만 1928년에는 장시가 2개소로 늘었다. 함경선 정평역 설치로 정평군 시가지의 중심이 역 부근으로 이동하면서 나타난 현상이었다. 정평역은 원래 읍내장이 개설되던 정평읍내로부터 남쪽으로 약 4km가량 떨어진 곳에 세워졌다. 때문에 기존 읍치(邑治)인 정평에서는 철도 부설 영향이 즉각적으로 나타나지 않았다. 그러나 남쪽의 신상리는 철도 부설 이후 급속도로 성장했다. 시간이 지나자 신상리 주변에 신시가지가 형성되었고, 정평 읍장(신읍시)이 개설되었다. 옛 정평읍에서 열리던 기존 장시도 개시일만 주변 시장과 중복을 피해 유지하면서 정평읍에 2개의 장시가 열리게 되

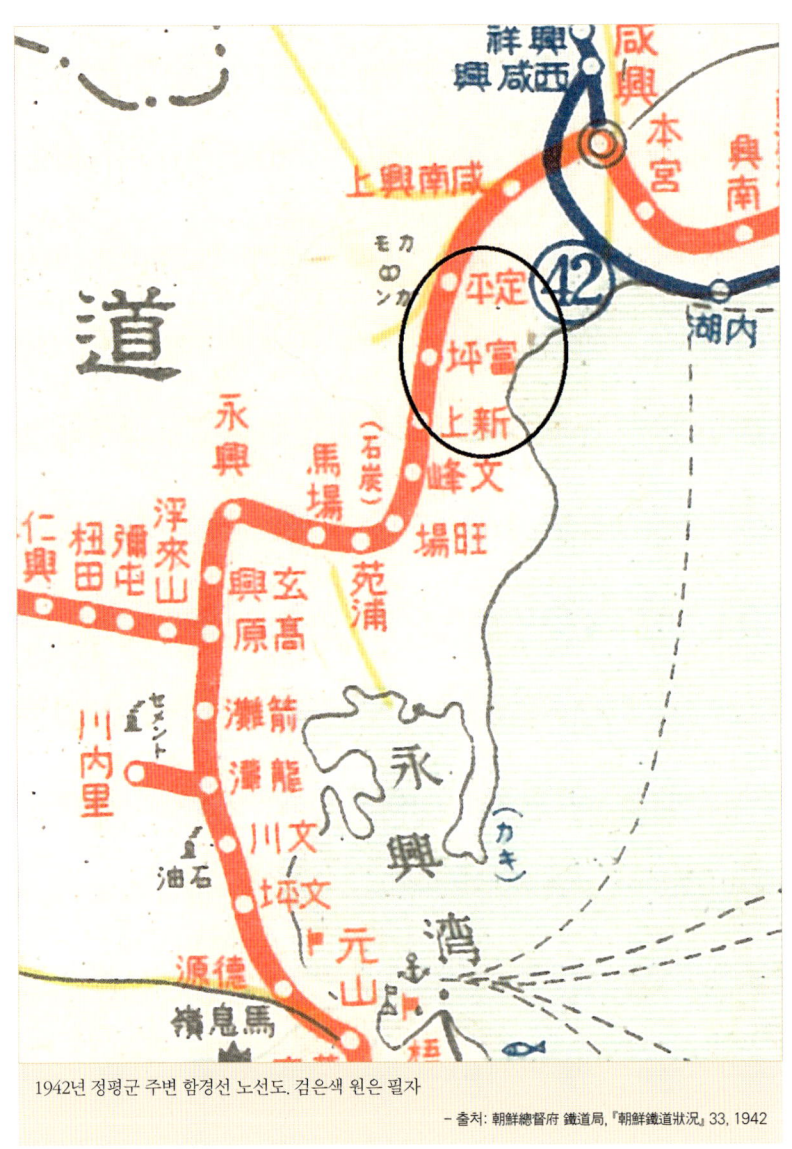

1942년 정평군 주변 함경선 노선도. 검은색 원은 필자

- 출처: 朝鮮總督府 鐵道局, 『朝鮮鐵道狀況』 33, 1942

었다. 이후 옛 정평읍 화재를 계기로 장시뿐 아니라 군청, 경찰서 등이 모두 정평역 주변 신시가지로 이전하였다. 함경선 건설이 정평군의 지역 구조를 완전히 바꿔 놓은 것이다.

전남 장성으로 가보자. 전남 장성의 옛 읍내는 대한제국기부터 각 관공서가 설치되어 있던 저명한 고도(古都)로, 장시 역시 번창했다. 그런데 호남선 개통으로 옛 읍내에서 서쪽으로 약 3km 떨어져 있던 영천리에 정거장이 들어섰다. 작은 한촌(寒村)이었던 영천리는 역이 생긴 이후 교통이 편리하고 물산이 모이면서 급격히 발전했지만, 옛 읍내는 점점 쇠퇴해 예전의 풍모를 찾아볼 수 없게 되었다. 그러자 역 주변에 살던 주민들은 역 주변을 더욱 발전시키고자 장성역 앞으로 시장을 이전하려는 운동을 벌였다. 이에 대해 옛 읍내 주민들이 맹렬히 반대했다.

이처럼 철도 부설에 따라 건설된 철도역이 지방의 경제·사회적 거점으로 자리 잡으면서 기존질서는 크게 동요했다. 새로운 중심지는 일제의 주도로 형성되었으며, 일본인 관공리와 상인이 그 근간을 장악했다. 조선인들이 거주하던 기존의 중심지는 위축되었고, 결국에는 철도역을 중심으로 행정, 경제, 사회 등 제반 기능이 재편성되었다. 이는 특정 지역에 국한된 변동이 아니었다. 조선총독부가 구축한 철도망을 중심으로 전국 각지에서 흔하게 보이는 현상이었고 식민지적 교통망 구축이 만들어 낸 중심지 재편성 과정이었다.

21

철도가 바꾼 도시의 운명

　철도의 부설은 이전과 다른 도시의 형태를 만들어 냈다. 1913년 10월 호남선 완공으로 인해 한반도는 대전을 기점으로 경부선의 남동쪽이 부산에 이르고 다시 일본의 수도 도쿄까지 연결되었으며, 북쪽으로는 경기도와 평안도를 거쳐 만주 등의 대륙과 연결되었을 뿐만 아니라 서남쪽까지 뻗어 나가 목포에 이르고 다시 일본 각지와 연결되었다. 이에 따라 대전의 상공업은 일본의 도쿄, 오사카 및 만주의 펑톈 등과 관계를 맺게 되면서 발전하게 되었다.

　자연스럽게 일본인 상공업자가 많이 정착했다. 일본인의 토지 소유도 늘어났다. 토지 가격도 급등했다. 일본인이 늘어나자 그들은 군청을 조선인이 많이 거주하던 회덕에서 대전으로 이전할 것을 요구했고, 결국 1910년 11월 대전으로 군청이 옮겨졌다. 1917년에 이르면 대전의 인구는 전통시대의 중심지였던 공주를 앞질러 충남 제1의 도시가 되었다. 특히

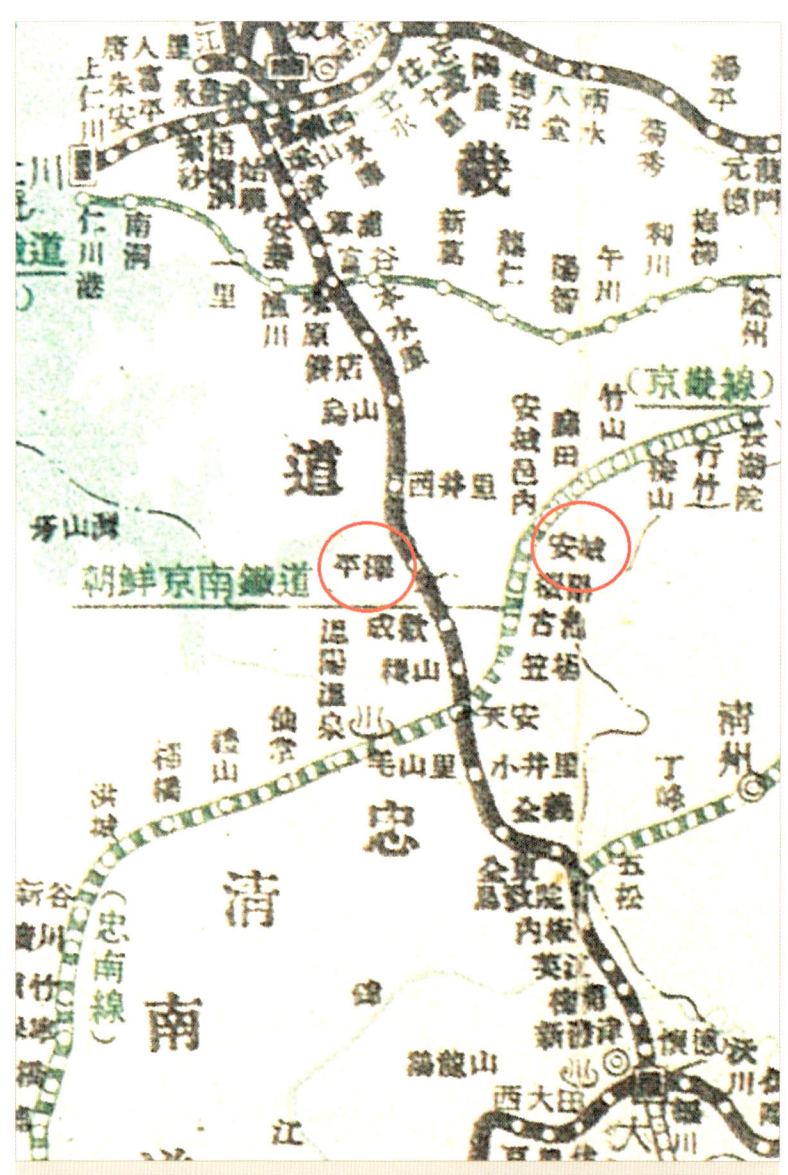

1945년 평택역과 안성역(조선철도약도 1945년 8월). 안성은 경부선에 연결되어 경성과 대전을 이었던 평택과 달리 사설철도 노선만 뒤늦게 부설되었다. 붉은색 원은 필자

– 출처: 朝鮮總督府 鐵道局, 『朝鮮鐵道略圖』, 1945. 08

일본인의 인구 증가율이 조선인을 능가했다. '갈대가 무성하고 황량한 한촌'이었던 대전의 놀라운 변화였다.

대전처럼 철도가 만들었거나 운명을 바꾼 도시는 많다. 안성과 평택은 철도 부설로 인해 성쇠가 뒤바뀌었다. 전통적으로 안성장은 한국 3대 시장 가운데 하나라고 할 정도로 유명한 대시장이었다. 안성장은 내륙 교통의 요충지로서 삼남지방에서 한양으로 가는 길목에 있었고, 강원도의 산물도 이곳을 거쳐 서울로 향했으며, 서해안 포구의 해산물도 반입되었다. 개항 이후에도 그 위상은 변하지 않았고, 1904년 말 경부선이 개통된 후에도 상당 기간 이어졌다.

그러나 안성장은 1910년대가 되면서 쇠퇴했다. 1912년에 간행된 『조선철도연선시장일반』은 안성장으로 모이는 곡류가 대부분 평택역으로 반출되어 철도로 각지에 이출되고, 또 서울, 인천, 부산 등지에서 이입되는 일용품들도 평택역을 경유해 안성장으로 공급된다고 기록하고 있다. 평택역을 매개로 하는 상품 유통구조로 변화된 것이다.

그러자 경성 등지로 향하는 물자가 점차 안성장을 거치지 않고 곧장 평택역 또는 주변의 다른 철도역으로 옮겨졌다. 안성장의 집산 기능은 그만큼 약해졌다. 결국 안성장은 지역 내 교역을 매개하거나 평택역을 경유해 들어온 일용품을 주변에 공급하는 '지역 내 시장'으로 축소되었다.

반면, 평택은 경부선이 연결되면서 도시로 발전했다. 평택역 주변은 철도역 설치를 계기로 조성된 전형적인 신시가지였다. 1914년 이전까지 평택군은 충청도에 속했고, 군청 소재지는 팽성면 객사리였다. 하지만 철도역이 들어서면서 이 '구평택' 대신에 철도역사가 들어선 '신평택'이 교통의 요지이자 경제의 중심지로 부상했다. 일제는 철도역이 들어선 곳에 평택리를 신설하고 군청 청사와 면사무소를 신축했다. 이후 '신평택'이 철도 연선의 신시가지로 성장함에 따라 1926년 병남면을 평택면으로 개칭하고, 1939년에는 평택읍으로 승격시켰다. 철도를 위주로 한 상품 유통구조가 확립되면서 평택은 주변에서 생산된 농산품을 내보내고 운반되어 온 상품을 주변 시장으로 공급하는 상업 중개지로 발전을 거듭했다. 철도 부설 이전 안성이 행했던 역할을 철도가 놓인 평택이 대신하게 된 것이다.

강경과 군산도 철도 부설로 인해 성쇠가 뒤바뀐 지역이다. 금강변의 강경은 조선시대 이래 수운이 발달한 대표적인 포구시장으로 18세기 무렵에는 대시장으로 성장했다. 강경은 군산, 공주와는 수륙으로, 전주, 대전과는 육로로 결합하고 있었다. 때문에 강경은 개항 이전부터 수입상품이 범람하기 시작했다. 특히 군산항 개항 이후 일본과 청국의 밀무역 상인들이 출몰하는 밀무역의 중심지였다.

그러나 경부선과 호남선, 군산선 등 철도가 개통되면서 금강 수운은 점차 쇠퇴했다. 경부선이 금강의 뱃길 종점인 부강(芙江)을 지나면서 군산과 강경을 경유해 부강으로 공급되던 수산물과 일용잡화를 부산과 인천을 경유해 철도편으로 수송하기 시작하자 쇠퇴를 면할 수 없었다. 특히 1912년 강경-이리-군산을 연계하는 호남선과 군산선이 개통되면서 금강 수운은 더욱 위축되었고, 이를 대신해 항구도시 군산이 발달하게 되었다. 1914년이 되자 강경은 논산군에 편입되었으며 군청도 이전했다. 강경의 쇠퇴와 대조적으로 군산은 성장했다. 군산의 개항과 철도 부설은 금강 일대 재래시장 구조에 큰 변동을 일으켰다. 그동안 호남 및 중부 지방 물산의 집결지로 성장해 왔던 강경포 상권은 크게 위축되어 군산항 시장

권에 포섭되었다.

황해도 해주는 조선총독부 철도국이 직접 운영했던 철도망에 포함되지 못해 발전이 늦어졌지만 이후 사설철도가 부설되면서 쇠락을 면한 도시다. 해주는 예로부터 황해도의 행정 중심지였지만 강제병합 이후 다른 도시들과 달리 식민지배정책과 관계를 맺지 못했다. 그 결과는 당연히 도시의 쇠퇴였다. 1910년대를 거치면서 해주는 인구가 약 4.6% 감소하였는데 지역민들이 지적했던 쇠퇴의 가장 큰 원인은 교통 불편이었다. 황해도 남쪽에 치우쳐 있는 지리적 조건상 종관노선이었던 경의선에서 제외되었기 때문이다.

그러자 해주의 유지들은 교통시설 확충을 위해 축항 공사와 철도 부

1945년 황해도 해주 주변 황해선 노선도

- 출처: 朝鮮總督府 鐵道局, 『朝鮮鐵道略圖』, 1945.08

설을 적극 추진했다. 이러한 노력은 1930년 12월 조선철도주식회사가 황해선 사리원-해주 구간을 연장 개통하면서 결실을 보았다. 비로소 해주는 사설철도를 통한 것이긴 했지만 경의선과 연결될 수 있었다. 1933년 7월 21일에는 동해주역에서 해주 시내로 이어지는 약 2.5km 선로도 완성되었고, 1936년 토성-해주 구간도 개통하면서 두 방면으로 경의선 철도와 연결될 수 있었다. 또한 용당포항으로 연결되는 철도까지 연결되면서 1930년대 해주는 황해도 지역의 미곡 이출 중심도시로 위상을 높였다. 이처럼 철도의 부설은 많은 도시의 흥망을 좌우했다.

22

부족한 학교, 부족한 열차
일제시기 통학열차의 애환

교통의 변화는 내가 살아가는 일상의 변화를 의미한다. 하다못해 내가 사는 지역의 대중교통이 버스 중심인지, 지하철 중심인지에 따라 출근, 등교 방법이 달라지는 것처럼 교통은 생각보다 우리 삶 속에 밀접하게 스며들어와 있다. 지금보다는 내 집 앞까지 대중교통이 자리하지는 않았지만 일제시기에도 교통은 개인의 삶을 상당 부분 규정지었다.

가장 큰 변화를 보였던 집단은 학생들이다. 기차가 다니는 지역에 거주했던 학생들은 이를 이용해 장거리 통학을 하는 경우도 많았다. 중등학교 이상은 오히려 이러한 통학이 불가능한 지방으로부터 유학을 온 경우가 많지만, 초등교육기관인 보통학교는 아무리 멀어도 같은 군에 있는 학교이므로 철도 노선이 있는 곳이라면 기차 통학이 가능했다.

1934년 경기도 관내에서 기차로 통학하는 아동은 보통학교 남자 1,088명, 여자 182명, 소학교 남자 144명, 여자 105명으로 1,519명에 달했다. 조선인 남학생이 가장 많았고, 일본인의 경우도 도시 지역이 아닌 농촌 지역에 거주하면 장거리 기차 통학을 하는 경우가 있었다. 어린 학생들이 매일 기차를 타고 통학하는 것은 힘들고 위험한 일이었지만, 조선인의 교육열에 부합할 만한 투자를 하지 않았던 식민지 상황에서 학생들이 어쩔 수 없이 택할 수밖에 없는 선택지였다.

1934년경이면 보통학교의 경우 '1면 1교'가 어느 정도 실현되는 시점이었지만, 그렇다 해도 도보로 통학할 수 있는 정도는 아니었다. 자전거나 버스 등의 대체 교통수단이 없는 경우 기차만이 장거리 통학을 위한 유일한 수단이었다. 그런데 기차는 여러 노선 간의 연락체계나 계절적 요인 등으로 열차 시간이 변경되는 경우가 많았다. 당시에는 지금처럼 기차가 자주 다니는 것이 아니어서 열차 시간이 변경되면 등교나 하교 시간을 맞출 수가 없어 어려움을 겪는 경우가 잦았다.

1934년 11월 1일 한국 내 철도 노선의 전체적인 열차 시간 변동이 있었다. 충청북도 도청 소재지인 청주는 보통학교, 소학교뿐만 아니라 청주고등보통학교(지금의 중등교육기관)도 있는 곳으로 주변 지역 학생들이 기차 통학을 하는 경우가 많았다. 충북선 열차(㈜조선철도가 운영하던 사설철도로 조치원-오송-청주-증평-음성-충주 간 운행)도 시간이 변동되면서 학생들이 큰 불편을 겪기도 했다.

지난 11월 1일부터 열차시간이 변경됨에 따라 ㈜조선철도 충북선도 크게 변경되어 청안, 도안, 음성, 충주 방면에서 청주로 통학하는 학생 300여 명이 역이나 노상에서 3시간 이상을 방황하다가 열차를 타고 돌아가면 충주 방면에는 밤 8시 38분에 되나 막차는 항상 연착되어 9시가 보통인데 어린 아이들이 기진맥진해 위험할 뿐 아니라, 첫차가 6시 10분임으로 밥 먹는 시간을 제외하면 시간 여유가 7시간밖에 없어 그 시간을 이용해 잠도 자고 공부도 하다보니 수면도 부족하고 공부도 되지 않는다.

- 『동아일보』 1934년 12월 22일 자 '충북선 열차 시간 변경으로 학생 통학이 불능'

철도 시간 변경에 따른 통학난은 1937년 일본이 중일전쟁을 통해 중국 침략을 본격화하면서 빈번하게 발생했다. 경부선과 경의선을 통해 빠른 시간에 병사와 군수물자를 수송해야 했기 때문이다. 1937년 8월 4일부터 9월 30일까지 한국의 모든 열차노선에 대해 병참 수송을 위한 임시열차를 운행하면서 기존 열차 운행시간을 조정했다. 또한 병참용 임시열차 위주의 편성으로 일반 여객열차 운행이 감소했다.

방학을 끝내고 귀경하는 중등학교 이상의 학생들은 어려움을 겪었다. 각지에서 열차 감소와 시간 변경으로 귀경하지 못해 개학할 수 없거나 통학할 수 없게 되어 새로이 하숙을 찾아야 하는 학생들이 어려움을 겪으며 아예 학교를 그만두는 사례까지 발생했다. 전쟁 수행이라는 명분을 내세웠지만, 일상생활에 막대한 지장을 주는 열차 운행 감소와 시간 변경은 많은 비판과 저항에 직면하였다. 특히 학생들이 수업을 받을 수 없고, 학교를 그만두는 사태에 이르게 되자 총독부에서도 이를 심각하게 받아들였고, 열차 증편 방침을 제시하기도 했다. 그러나 전쟁 수행을 위한 수송만으로도 조선철도의 수송력은 부족한 상황이었기 때문에 일상생활에 필요한 철도 수송이 정상화될 수는 없었다.

시국 관계로 부득이 2학기 개학에 상경하는 학생들의 등교 열차를 제한해 개학 첫 날인 21일을 맞춰 오지 못한 학생도 많았는데 이번에 다시 생긴 제한이 있으니 이것은 경성을 중심으로 경부선과 경의선 기차 통학생의 특별 대우를 당분간 폐지한 것이다. 물론 이것은 피할 수 없는 대세의 사정에 의한 것인데 이로 말미암아 경성-수원 간의 통학생 300여 명 경성-개성 간의 200여 명 이외에 통학하는 학생 수까지 합하면 1,500~1,600여 명은 훨씬 넘어 그들의 수업하는 앞길에 큰 기로를 만들었다. 그들 중에는 경성에 하숙을 정하고 통학할 수 없는 빈민계급의 자제들도 상당히 많은데, 이들은 학업을 중도에 그만두지 않을 수 없어 개학일이 이틀 지난 23일에 결석한 통학생이 각 학교에 놀랄만큼 많았다 한다. 이에 따라 경성 시내에는 하숙난이 생겼으니 통학생들이 경성으로 몰려들어 학생하숙 한 방에 두 사람으로 최하 16원부터 19원까지 되는 고가에도 방이 없어 개학 전후 경성 거리에는 하숙을 찾아 헤매는 학생떼를 어느 곳에서나 볼 수 있게 되었다.

- 『동아일보』 1937년 8월 24일 자 '기차 통학의 중지로 1천여 명 학생 수난'

그나마 경성-수원, 경성-개성 정도의 근교 통학은 나은 편이었다. 보통학교 학생이나 여학생의 경우 유학을 보내는 것이 어려워 도 경계를 넘나드는 원거리를 통학하기도 했는데 아래 기사에 등장하는 학생들은 하루에 4~5시간을 기차에서 보내야 했다.

가장 문제가 되는 것은 소위 통학구역 이외의 원거리에서 기차 통학하는 아동 학생들이다. 경부선은 조치원, 전의 등지에서, 경의선은 (황해도)서흥, 신막 등지에서 경원선은 (강원도) 복계, 평강 등지에서까지 통학자가 있으므로 이들은 4~5시간을 기차에서 보내게 될 뿐 아니라 중간에 바꿔 탈 때 시간을 대기하는 데 여러 곤란이 있다. 이런 학생은 경부선 합계 102명, 경의선 23명, 경원선 50명으로 (중략) 조치원, 복계, 신막 등에서는 매일 새벽 3시에 일어나야 되고, 이것이 졸업 때까지 계속된다. 경의선 서흥에서 통학하는 중등학교 야학생은 집에서 나와 50분을 걸어 역으로 가서 오전 7시 13분 차로 오후 1시 26분 경성역 도착, 야학을 마치고 오후 11시 10분 경성역 발로 돌아가면 오전 2시 28분, 서흥역에 내려 4시간 지나 집으로 돌아간다.

- 『동아일보』 1939년 3월 6일 자 '야반출가, 야반귀가 차 속이 식당 겸 복습방'

학교는 절대적으로 부족했지만 식민지적 차별의 현실에서 조선인이 사회적 지위 상승을 도모할 수 있는 방법은 오로지 '학력' 획득이었다. 때문에 교육열은 점점 더 높아졌다. 높아지는 교육열과 비례해 열차 통학은 식민지 사회의 일상적인 모습이 되었다.

23

철도가 만들어 낸 독립운동과 탄압

제국주의와 식민지배라는 폭력적 근대와 함께 한반도에 찾아온 근대 교통은 식민지배에 저항하고 독립을 열망했던 조선인들에게 이중적인 존재였다. 기본적으로 근대 교통은 지배세력의 도구로서 조선총독부의 행정 권력을 전국적으로 확장하는 역할을 했다. 제국주의가 식민지에 교통망을 구축하는 근본적인 목적이기도 했다. 그러나 근대 교통은 독립운동가들에게도 지역적 한계를 넘어 전국적 운동망 구축에 도움을 주는 도구였다.

열차 안에서는 경찰의 검문·검색이 일상적으로 이루어졌다. 식민지 조선의 열차 안에서는 철도 역무원의 차표 검사와 함께 정복 또는 사복 차림의 경찰이 검속을 실시했다. 특히 1922년 이후 열차 내의 경계를 위하여 일본에서부터 시작된 이동경찰제도가 만주를 거쳐 조선철도에서도 시행되었다. 심지어 승객보다도 경찰이 더 많아 사람들로부터 '여행도 마음

대로 못하게 되었다'는 푸념까지 나올 정도로 열차 안 이동경찰의 위세는 높았다. 열차 안에서 경찰의 위세가 높아지고 그들의 패악이 심해지는 만큼 민중의 불만과 원성도 높아졌다. 이동경찰이 열차 안에서 '욕설을 일삼고, 조금이라도 대꾸하면 뺨을 치며, 남녀 구별 없이 몸을 뒤지는 일'까지 일어났다. 심지어 승객의 소지품을 검사하다가 돈을 슬쩍하는 일까지 벌어지기도 했다.

   승객들의 불만이 컸으나 경무국은 이동경찰제도를 유지했다. 이동경찰의 열차 검속으로 쏠쏠한 재미를 보고 있었기 때문이다. 이동경찰의 활약으로 많은 독립운동가가 열차 안에서 체포되었다. 1932년 평안북도 경찰부 이동경찰들이 국경을 넘나드는 열차에서 검거한 총 인원 813명 중

3·1운동 만세시위

- 출처: 『The Korean Independence Movement』

사상관계 용의자는 140명에 달했다. 독립운동가들은 일제 경찰의 검속을 피하기 위한 방법들을 고안해 내야 했다. 철도 연선을 따라 건설된 수많은 기차역에서, 그리고 쉬지 않고 달리는 열차 안에서 일제 경찰과 민족해방운동가들의 쫓고 쫓기는 술래잡기는 계속 이어졌다.

하지만 철도를 비롯한 근대 교통이 독립운동가 탄압에만 유용했던 것은 아니었다. 전민족적, 전국적 항쟁으로 확대되었던 3·1운동의 경우 철도가 없었다면 그렇게 빠른 속도로 전국적 확산을 이뤄 낼 수 없었을 것이다. 실제로 3·1운동은 1919년 3월 1일 7개 도시에서 독립선언식이 개최되고 만세시위가 일어난 바로 다음 날부터 전국 각지에 만세시위가 퍼졌다. 3월 1일에 이미 익산, 전주, 마산 등 철도로 연결된 전라도와 경상도 지역에 독립선언서가 전달되었고, 3월 2일에는 광양, 구례, (전남) 순천, 김제, 남원, 임실, 여수, 곡산 등 당시 철도망으로 연결되지 않았던 지역까지 독립선언서가 확산되었다. 철도와 연결된 도로로 전국 방방곡곡에 독립만세 물결이 퍼져 나갔다.

사전에 계획된 7개 도시의 만세시위만으로는 이처럼 빠른 확산을 설명하기 어렵다. 철도와 도로가 있었기 때문에 하루 만에 의주-마산 등 한반도 남쪽과 북쪽 끝까지 독립선언서와 만세시위 소식이 전해진 것이다. 불과 15년 전 러일전쟁을 빌미로 대한제국 침략의 도구가 되었던 철도가 '해방의 도구'로 작동한 것이었다.

한편, 3월 1일 경성 시위와 관련한 〈표 6〉은 흥미로운 사실을 보여 준다. 1919년 경성의 인구는 25만 명 정도였다. 그런데 고종의 장례를 보기 위해 지방에서 경성으로 온 인파가 20만 명에 달했다. 잠재적인 만세시위 참가자들이었다.

⟨표 6⟩ 2월 27일~3월 9일 남대문역(지금의 서울역) 이용 승객 인원표

노선명	승차 인원	하차 인원
2월 27일	1,667	6,006
2월 28일	3,226	14,080
3월 1일	3,075	9,686
3월 2일	2,314	25,902
3월 3일	12,235	8,111
3월 4일	12,826	3,372
3월 5일	10,072	2,506
3월 6일	7,864	1,714
3월 7일	6,408	2,149
3월 8일	3,874	1,770
3월 9일	3,369	1,735

출처: 「국장과 남대문역」, 『매일신보』, 1919년 3월 11일(최우석, 「경기·인천지역 만세시위의 확산 양상」, 『역사와현실』 113, 2019, 56쪽에서 재인용).

⟨표 6⟩을 보면 경성에 하차한 인원은 2월 말부터 급증해 3월 2, 3일에 절정을 이뤘다. 3월 3일이 고종 장례식이 거행된 날이었기 때문에 하루 전인 2일에 가장 많은 인원이 남대문역을 내려 경성으로 들어왔다. 평소 하차 인원을 3월 8~9일 인원으로 유추해 볼 때 2월 말부터 엄청나게 많은 인원이 경성으로 몰려들었음을 확인할 수 있다. 3·1운동은 시작부터 열차를 통해 폭발할 수 있었다.

3월 3일부터는 승차 인원이 급증하는 것을 확인할 수 있으며, 경성으로 들어왔던 인원이 다시 전국으로 확산되기 시작했음을 유추할 수 있다. 3·1운동의 시작과 확산의 모든 순간에 지배자의 도구였던 철도가 자

리했던 것이다.

한편, 해외에서 독립운동을 이어 나갔던 독립운동가들에게도 철도는 조선과의 연결고리를 유지시켜 주는 역할을 했다. 영화 〈밀정〉에서도 의열단이 기차를 타고 경성으로 들어오는 장면이 등장하듯이 1911년 압록강 철교가 완공된 이후 철도는 만주와 연해주뿐 아니라 중국 본토에서 활동했던 독립운동가들에게 조선으로 잠입할 수 있는 통로 역할을 해 주었다.

김익상
- 출처: 한국민족문화대백과사전

영화에 등장했던 의열단은 1920년에 실제로 모든 단원을 조선으로 잠입시키고 폭탄과 단총 등 무기를 밀송했는데, 그 수단은 선박과 열차였다. 예를 들어 의열단원이었던 김익상은 일본 학생으로 위장해 압록강 철교를 건너 경의선을 타고 경성으로 잠입해 조선총독부에 폭탄을 던졌다. 그는 의거를 마친 후 일본 목수로 변장해 용산역에서 평양행 차표를 산 후 경의선 열차에 몸을 싣고 경성을 빠져나왔다. 평양에서 하룻밤을 쉰 그는 다시 신의주까지 철도를 타고 압록강 철교를 건너 베이징의 의열단 본부로 돌아왔다. 김익상이 베이징을 출발했다가 돌아온 시간은 일주일이었다. 철도가 있었기에 가능한 일이었다. 만주 침략의 교두보를 마련하기 위해 부설한 압록강 철교가 식민지배를 타파하고 독립을 쟁취하는 도구로 사용되는 순간이었다.

참고문헌

- 『황성신문』, 『매일신보』, 『동아일보』, 『朝鮮鐵道協會會誌』
- 朝鮮總督府 鐵道局, 『朝鮮鐵道狀況』, 각년판
- 朝鮮總督府鐵道局(1929), 『朝鮮鐵道史 第1卷』, 朝鮮總督府鐵道局.
- 南朝鮮鐵道株式會社(1932), 『第九回 營業報告書』.
- 朝鮮貿易協會(1935), 『北鮮三港及裏日本諸港と滿洲との關係; 北支經濟槪況』.
- 「內地動員部隊第3次鮮內鉄道輸送に伴う兵站業務実施詳報の件」, 1937. 11. 20.
- 朝鮮總督府 遞信局(1938), 『朝鮮遞信事業沿革史』.
- 朝鮮運送(1940), 『朝鮮運送株式會社十年史』.

- 에릭 홉스봄 지음·전철환 역(1984), 『산업과 제국: 산업시대 영국 경제와 사회』, 한벗.
- 孫禎睦(1996), 『(日帝減點期) 都市社會相硏究』, 일지사.
- 정재정(1999), 『일제 침략과 한국철도(1892~1945)』, 서울대학교 출판부.
- 존 아일리프 지음·이한규·강인황 공역(2003), 『아프리카의 역사』, 이산.
- 김민영·김양규(2005), 『철도, 지역의 근대성 수용과 사회경제적 변용』, 선인.
- 이노우에 유이치 지음·석화정·박양신 역(2005), 『동아시아 철도 국제관계사』, 지식산업사.
- 한국철도대학 100년사 편찬위원회(2005), 『한국철도대학 100년사(1905~2005)』, 한국철도대학.
- 위르겐 오스터함멜·박은영·이유재 역(2006), 『식민주의』, 역사비평사.
- 정태헌(2007), 『한국의 식민지적 근대 성찰 : 근대주의 비판과 평화공존의 역사학 모색』, 선인.
- 제임스 M. 블라우트 지음·김동택 역(2008), 『식민주의자의 세계 모델-지리적 확산론과 유럽중심적 역사』, 성균관대학교 출판부.
- 허영란(2009), 『일제시기 장시 연구』, 역사비평사.
- 행정안전부 국가기록원(2010), 『국가기록원 일제문서해제-토목편-』, 국가기록원.
- 전성현(2011), 『일제시기 조선 상업회의소 연구』, 선인.
- 에메 세제르·이석호 역(2011), 『식민주의에 대한 담론』, 그린비.

- 조병로 외(2011), 『조선총독부의 교통정책과 도로 건설』, 국학자료원.
- 위르겐 오스터함멜·닐스 페테르손 공저·배윤기 역(2013), 『글로벌화의 역사』, 에코리브르.
- 박홍수(2015), 『달리는 기차에서 본 세계』, 후마니타스.
- 윤상원(2016), 『동아시아의 전쟁과 철도-한국철도의 정치사』, 선인.
- 이송순(2016), 『한국철도, 추억과 희망의 레일로드』, 선인.
- 공주시(2017), 『1910년대 일제의 비밀사찰기 공주를 주막에서 엿듣다(酒幕談叢)』, 공주대학교 공주학연구원.
- 위르겐 코카 지음·나종석·육혜원 역(2017), 『자본주의의 역사』, 북캠퍼스.
- 정태헌(2017), 『한반도철도의 정치경제학-일제의 침략 통로에서 동북아공동체의 평화철도로-』, 선인.
- 하지영(2018), 『조선총독부 해운정책과 朝鮮郵船株式會社의 항로 경영』, 동아대학교 사학과 박사학위논문.
- 국토교통부·한국철도공사·한국철도시설공단·한국철도협회·한국철도문화재단(2019), 『2019 新한국철도사-총론』, 국토교통부 외.
- 국토교통부·한국철도공사·한국철도시설공단·한국철도협회·한국철도문화재단(2019), 『2019 사진으로 보는 新한국철도사』, 국토교통부 외.
- 정태헌(2019), 『평화를 향한 근대주의 해체-3·1운동 100주년에 식민지 '경제 성장'을 다시 묻다-』, 동북아역사재단.

- 박만규(1982), 「韓末 日帝의 鐵道 敷設·支配와 韓國人動向」, 『한국사론』 8.
- 金景林(1988), 「日帝下 朝鮮鐵道 12年計劃線에 關한 硏究」, 『경제사학』 12.
- 소두영(1992), 「韓末.日帝初期(1904~1919) 道路建設에 對한 一硏究: 用地收奪과 夫役을 中心으로」, 한양대학교 사학과 석사학위 논문.
- 김달현·허동현(1997), 「1881년 朝士視察團의 明治 日本 産業振興 政策觀 硏究」, 『아태연구』 4.
- 허영란(1997), 「1910년대 경기 남부 지역 상품 유통구조의 재편」, 『역사문제연구』 2.
- 허동현(1998), 「1881年 朝士視察團의 明治 日本社會·風俗觀-시찰단의 『聞見事件』을 중심으로」, 『한국사연구』 101.
- 정재정(2001), 「日本의 對韓 侵略政策과 京仁鐵道 敷設權의 獲得」, 『역사교육』 77.

- 송규진(2002), 「일제강점 초기 '식민도시' 대전의 형성과정에 관한 연구」, 『아세아연구』 45.
- 김양식(2005), 「충북선 부설의 지역사적 성격」, 『한국근현대사연구』 33.
- 정재정(2007), 「조선총독부 철도국장 大村卓一과 朝滿鐵道連結政策」, 『역사교육』 104.
- 허영란(2007), 「시가지 개조를 둘러싼 지역 주민의 식민지 경험-안성의 철도·시장·공원 그리고 지역주민-」, 『역사문제연구』 17.
- 전성현(2008), 「일제하 조선 상업회의소의 철도부설운동(1910~1923)」, 『석당논총』 40.
- 전성현(2009), 「일제하 조선 상업회의소와 '朝鮮鐵道十二年計劃'」, 『역사와경계』 71.
- 조병로(2009), 「일제 식민지시기의 도로 교통에 대한 연구(Ⅰ) - 제1기 治道事業(1905~1917)을 중심으로-」, 『한국민족운동사연구』 59.
- 조병로·조성운·성주현(2009), 「일제 식민지시기의 도로 교통에 대한 연구(Ⅱ) - 1930~40년대 제2기 치도 계획과 자동차 운송을 중심으로-」, 『한국민족운동사연구』 61.
- 허영란(2009), 「일제시기 여수의 도시화 과정과 지역사회의 대응」, 『대동문화연구』 67.
- 배석만(2010), 「항만(港灣) 관련 기록물의 개설과 해제」, 『국가기록원 일제 문서 해제 토목편』, 국가기록원.
- 小林拓矢(2010), 「일제하 도로 사업과 노동력 동원」, 『韓國史論』 56.
- 정재현(2010), 「윈난 철도의 건설과 프랑스 제국주의」, 고려대학교 사학과 석사학위 논문.
- 차철욱(2010), 「일제시대 부산항 설비사업과 사회적 의미」, 『한국학논총』 33.
- 우승완·김행범·이석배(2011), 「일제강점기 여수의 도시 특성 변화에 관한 연구」, 『한국도시설계학회지 도시설계』 12-5.
- 이정옥(2011), 「갑오개혁 이후 한성 도로 정비사업과 府民의 반응」, 『향토서울』 78.
- 정희윤(2012), 「일제시기 소운송업 통제에 관한 국내 일간지의 보도 경향」, 『숭실사학』 28.
- 김승(2013), 「일제강점기 부산항 연구성과와 과제」, 『항도부산』 29.
- 이송순·정태헌(2013), 「한말(韓末) 정부 관료 및 언론의 철도에 대한 인식과 수용」, 『한국사학보』 50.

- 송규진(2013), 「일제의 대륙침략기 '북선루트'·'북선3항'」, 『한국사연구』 163.
- 서일수(2014), 「1930년대 海州의 도시 기반시설 확충과 '식민 권력'」, 『한국사연구』 167.
- 송규진(2014), 「함경선 부설과 길회선 종단항 결정이 지역 경제에 끼친 영향-나진·웅기·청진을 중심으로-」, 『한국사학보』 57.
- 고태우(2015), 「조선총독부 토목행정과 토목관료의 '조선개발' 인식」, 『역사와 경계』 97.
- 송미경(2015), 「일제강점기 사설철도회사의 설립과 조직(1910~1926)」, 동국대학교 역사교육과 석사학위논문.
- 이용상·정병현·배은선(2015), 「만철의 길회선 부설과 북선철도 위탁 과정에 관한 연구」, 『한국철도학회논문집』 18-5.
- 이윤수(2015), 「1930년 철도 운송정책의 전환과 운송업계의 대응-비합동파 3파의 연합대회를 중심으로-」, 성균관대학교 사학과 석사학위논문.
- 정재정(2015), 「일제하 '北鮮鐵道'의 경영과 日朝滿 新幹線의 형성」, 『역사교육논집』 54.
- 정태헌(2015), 「조선철도에 대한 滿鐵 위탁 경영과 총독부 直營으로의 환원 과정 및 배경」, 『한국사학보』 60.
- 박우현(2016), 「대공황기(1930~1934) 조선총독부의 사설철도 정책 전환과 특성」, 『역사와 현실』 101.
- 박상현(2016), 「식민주의와 동아시아 식민국가의 정치경제-통합비교를 위한 시론」, 『사회와 역사』 111.
- 이기홍(2016), 「양적 방법의 지배와 그 결과-식민지근대화론의 방법론적 검토」, 『한국사회학』 50-2.
- 정재정(2016), 「일제 말기 京慶線(서울-경주)의 부설과 운영」, 『서울학연구』 64.
- 박우현(2017), 「1930년대 조선총독부의 사설철도 매수 추진과 특징」, 『역사문제연구』 21-2.
- 전성현(2017), 「일제강점기 東海線 3線과 지역」, 『석당논총』 69.
- 이동훈(2018), 「1910년대 인천항 축항 사업과 식민자 사회-'동양유일' 이중갑문식 독의 준공-」, 『인천학연구』 1-28.
- 김두얼(2019), 「철도사(鐵道史)의 르네상스: 개괄과 전망」, 『경제사학』 70.

- 박우현(2019), 「1920년대 조선사업공채 정책 변화와 재원조달의 부실화」, 『한국사연구』 185.
- 박우현(2019), 「일제시기 법률사료의 성격과 경제사 연구의 심화」, 『한국근현대사연구』 90.
- 이용상·정병현(2019), 「근대 대전역의 변화와 발전에 관한 연구」, 『한국철도학회논문집』 22-1.
- 이형식(2019), 「조슈파 데라우치 마사타케[寺内正毅]와 조선 통치」, 『역사와 담론』 91.
- 최우석(2019), 「경기·인천지역 만세시위의 확산 양상」, 『역사와현실』 113.
- 박우현·정태헌(2020), 「일제시기 철도재정의 식민지성-회계과목 분석과 순익 추산을 중심으로-」, 『한국사학보』 78.
- 박우현(2020), 「일제시기 평원선 부설과 횡단철도의 주변화(1904~1941)」, 『한국문화』 89.
- 박우현(2020), 「1910년대 조선사업공채 정책의 전개와 난맥상」, 『한국근현대사연구』 93.
- 배석만(2020), 「일제시기 장항항(長項港) 개발과 그 귀결」, 『역사와 현실』 117.
- 양지혜(2020), 「일제하 기업의 항만 개발과 '번영'의 동상이몽-일본질소의 지역진출과 함흥의 항만 건설을 중심으로-」, 『역사와 현실』 117.

- 川崎汽船株式會社(1969), 『川崎汽船五十年史』, 川崎汽船.
- 鮮交會(1981), 『朝鮮交通回顧錄(行政編)』, 三元社.
- Raymond F. Betts(1985), *Uncertain Dimensions: Western Overseas Empires in the Twentieth Century*, Minneapolis: University of Minnesota Press.
- 財團法人 鮮交會(1986), 『朝鮮交通史 一: 本卷』, 三信圖書有限會社.
- 宇田正(1995), 『近代日本と鐵道史の展開』, 日本經濟評論社.
- 平井廣一(1997), 『日本植民地財政史研究』, ミネルヴァ書房.
- 林采成(2005), 『戰時經濟と鐵道運營:「植民地」朝鮮から「分斷」韓國への歷史的經路を探る』, 東京大学出版会.
- 高成鳳(2006), 『植民地の鐵道』, 日本經濟評論社.
- 橋谷弘(1982), 「朝鮮鐵道の滿鐵への委託經營をめぐって-第一次戰前後の日帝植

民地政策の一斷面」,『朝鮮史研究会論文集』.
- 広瀬貞三(1997), 「一九一〇年代の道路建設と朝鮮社会」『朝鮮學報』164.
- 矢島桂(2010), 「植民地期朝鮮における「國有鐵道十二箇年計畵」」, 『歷史と經濟』 52-2.
- 井村哲郎(2013), 「滿鐵の北鮮港灣建設と經營」,『南滿洲鐵道沿線の社會變容』, 知泉書館.

찾아보기

12년계획 68~70, 87, 97, 98, 103

• ㄱ •

경경선 87~90
경부선 21, 42, 48, 49, 63, 79, 84~89, 95, 112, 113, 132, 136~139, 144~146
경부철도 19, 21, 25, 27~29, 32, 36~38
경성철도학교 126~129
경원선 46, 47, 51, 68, 95, 116, 146
경의선 37, 40, 79, 112, 113, 132, 141, 145, 146, 151
경의철도 20, 33, 36~39, 45
경인선 21
경인철도 20, 22, 23
공채 56, 65, 66, 68, 74, 76, 86, 89, 93, 97, 102~104

• ㄷ •

대장성 66, 68, 70, 74, 86~89, 93, 96, 103, 112
데라우치 마사타케[寺内正毅] 42, 60

• ㅁ •

만철 54~56, 77, 79, 81~83, 127

명령항로 86, 106~108, 111

• ㅂ •

박기종 31, 32, 124
병참 51, 87, 90, 99, 112~115, 124, 128, 144

• ㅅ •

사업공채 65, 66, 68, 97, 102~104

• ㅇ •

오무라 다쿠이치[大村卓一] 64

• ㅈ •

제국주의 9~13, 17~22, 24~26, 32, 34~37, 66, 68, 77, 83, 84, 87, 90, 99, 100, 111, 117, 122
조선사업공채 102
조선철도12년계획 64, 68, 69
조선총독부 51, 55, 56, 59~61, 63~66, 71, 73, 74, 76, 79, 81, 83, 86, 88, 90~92, 95, 99, 101, 102, 106~108, 110, 111, 114, 116, 120~123,

    127~129, 135, 140, 147, 151
종관노선 63, 86, 113, 114
종관루트 93
종관철도 88
㈜남만주철도 54, 55
㈜남조선철도 84~86, 111
㈜조선운송 119~123
중앙선 87~90, 96

• ㅊ •

치도공사 61, 63, 71, 73, 74, 76

• ㅍ •

평원선 42, 90~93, 95~99, 116

• ㅎ •

함경선 42, 49, 51, 68, 79, 81, 96, 97,
    133~135
항만 13, 63, 64, 66, 76, 100~105, 112
호남선 48, 68, 135, 136, 139

일제침탈사 바로알기 11
식민통치의 혈관을 놓다 – 교통으로 본 일제시대

초판 1쇄 인쇄 2021년 4월 1일
초판 1쇄 발행 2021년 4월 9일

지은이 박우현
펴낸이 이영호
펴낸곳 동북아역사재단

등 록 제312-2004-050호(2004년 10월 18일)
주 소 서울시 서대문구 통일로 81 NH농협생명빌딩
전 화 02-2012-6000
팩 스 02-2012-6189
홈페이지 www.nahf.or.kr
제작·인쇄 청아출판사

ISBN 978-89-6187-632-2
      978-89-6187-482-3(세트)

• 이 책은 저작권법으로 보호를 받는 저작물이므로 어떤 형태나 어떤 방법으로도 무단전재와 무단복제를 금합니다.
• 책값은 뒤표지에 있습니다. 잘못된 책은 바꾸어 드립니다.